L'INDISPENSABLE DE LA CULTURE GÉNÉRALE

Vincent DELÈGUE

Sommaire

Introduction

La culture ne s'enseigne pas. Elle est le plus souvent le fruit de la passion ou de l'intérêt individuel, et s'élabore au fil de la vie et des années. Néanmoins, le souci d'efficacité propre aux étudiants de classes préparatoires impose à certains de devoir réagir rapidement pour combler leurs lacunes. Bien entendu, il est difficile, en quelques semaines ou même quelques mois, de compléter sa culture générale dans tous les domaines...

Inutile pour autant de désespérer. Si à l'impossible nul n'est tenu, on ne demandera jamais à personne de maîtriser aussi bien des données mathématiques, philosophiques ou esthétiques. En revanche, les jurys ont des exigences en accord avec les possibilités de chacun. Tout d'abord, on peut estimer qu'un étudiant qui utilise une notion – « humanisme » ou « art abstrait », par exemple – puisse la situer dans son contexte et éventuellement citer quelques noms s'y rapportant. Ensuite, la diversité des références est indispensable. Elle est le signe d'un esprit curieux de ce qui l'entoure, et permet à l'élève d'enrichir son argumentation, aussi bien à l'oral qu'à l'écrit. Les exemples tirés de l'actualité ou du cinéma grand public ne suffisent pas. Les correcteurs attendent également, et surtout, des références puisées dans la richesse culturelle de l'histoire philosophique, littéraire, artistique, etc.

Cet ouvrage permettra donc à chacun de clarifier nombre de notions dont la connaissance est souvent approximative : s'il est fréquent d'entendre parler d'impressionnisme par exemple, on connaît plus rarement les circonstances dans lesquelles ce mouvement est apparu. A travers la diversité des sujets abordés, qui vont de la philosophie politique au nouveau roman en passant par les grandes figures mythologiques, le lecteur pourra découvrir, ou redécouvrir, des éléments essentiels à la préparation des concours aussi bien qu'à son enrichissement personnel.

Partie I

Etapes philosophiques

Questions

1. La raison en philosophie est :

a) un instrument
b) la forme du raisonnement
c) le but de la réflexion

2. Le sens de l'histoire est :

a) économique
b) moral
c) les deux

3. Cette doctrine s'oppose à la liberté. C'est :

a) le déterminisme
b) le fatalisme
c) le jansénisme
d) les trois

4. La connaissance possède des limites :

a) technologiques
b) intellectuelles
c) *a priori*

5. Les sciences de l'homme sont :

a) une branche de la médecine
b) une méthode d'analyse
c) un terme littéraire

6. L'ère du soupçon est :

a) la fin des certitudes en philosophie
b) le doute amoureux en psychanalyse
c) la période de la collaboration sous les Allemands

7. Une proposition scientifique est vraie :
a) partout et toujours
b) de temps en temps
c) jusqu'à la preuve du contraire

8. La géométrie exprime :
a) un rapport entre les objets vérifiable intuitivement
b) un système purement logique
c) une suite de symboles

9. Le temps est :
a) différent selon la vitesse
b) identique partout et en tout lieu
c) différent selon les personnes

10. La démocratie est juste parce que :
a) tout le monde y est égal
b) chacun peut voter
c) chacun fait la loi

11. Le légalisme est :
a) le respect absolu du droit
b) une conception purement juridique de la justice
c) la critique de la loi

12. Peut-on dire que le langage n'appartient qu'aux êtres humains et pas aux animaux ?
a) oui
b) non, tous les animaux ont un langage
c) les animaux ont un langage mais nous ne savons pas les comprendre

13. Le meilleur des mondes possibles est-il :

a) un idéal

b) un projet philosophique

c) celui où nous vivons

14. La logique est-elle :

a) du bon sens

b) un outil mathématique

c) un raisonnement valable par sa forme

Réponses

1. a) et c)

Les premiers philosophes - nommés les présocratiques - seraient plutôt ce que nous appellerions aujourd'hui des physiciens : tous (entre autres, Héraclite d'Ephèse, Ve siècle av. J.-C. ; Empédocle, Ve siècle av. J.-C. ; Pythagore, VIe siècle av. J.-C.) cherchent avec les moyens de leur époque à comprendre les phénomènes naturels et à expliquer les origines de l'univers aussi bien que les matériaux qui le composent. On trouve néanmoins déjà dans leurs recherches les bases sur lesquelles la philosophie va s'épanouir. Tout d'abord, l'intelligence est capable de comprendre le monde. La raison est à même de rendre compte de l'ordre des phénomènes, il existe donc une coïncidence entre l'ordre du monde et celui de l'esprit, l'homme étant lui-même un petit univers (micro cosmos) dans un univers (cosmos). Ensuite, l'outil privilégié grâce auquel il est possible de comprendre et d'expliquer est le langage : le langage n'est pas qu'un simple système de signes, il est l'instrument proprement humain qui nous permet de nous élever jusqu'à la connaissance. La raison signifie donc la capacité humaine de comprendre les phénomènes naturels grâce à l'intelligence et de pouvoir les expliquer ensuite à d'autres personnes avec le langage.

Mais c'est surtout avec Socrate que l'importance de la raison prend la signification que nous lui connaissons : celle d'être capable de convaincre du vrai et du faux, du juste et de l'injuste par la parole. Socrate s'inscrit alors en faux contre les sophistes qui enseignent l'art de persuader contre de l'argent et qui considèrent que la valeur des arguments importe peu tant que l'on réussit à convaincre (*Le Sophiste*). Les sophistes ne se soucient pas d'avoir raison ou tort, mais simplement d'emporter la victoire dans la discussion. Ce qui compte avant tout pour Socrate, en revanche, est l'idée de bien. Cette idée, ainsi que l'illustre l'allégorie de la caverne (*La République*), peu d'hommes sont capables de la voir. La plupart d'entre eux sont comme des prisonniers enchaînés au fond d'une grotte, qui prennent les ombres qu'il aperçoivent sur les murs pour la réalité. Autrement dit, au lieu de réfléchir en essayant de suivre la vérité, la majorité d'entre nous se contente de raisonnements tout prêts (les ombres), et nous imaginons que nous pensons alors que nous ne faisons que répéter des clichés. La raison devient alors la capacité qu'a celui qui connaît la vérité de la faire partager aux autres à l'aide du langage et, dans le cas de Socrate plus qu'aucun autre, à travers le dialogue. Celui qui connaît le bien doit pouvoir montrer aux autres, en parlant avec eux, qu'ils ont tort - cela sans vanité mais simplement pour les aider à se rendre meilleurs -, la vérité étant, selon Socrate, si forte qu'elle l'emporte toujours.

Ainsi la plupart des personnes qui dialoguent avec lui se voient-elles toujours obligées, à contrecœur, d'avouer qu'effectivement c'est Socrate qui est dans le vrai, même si elles pensaient le contraire (*Ménon*). La raison est primordiale dans la démarche philosophique puisqu'elle suppose qu'à moins d'être de mauvaise foi, chacun est capable de comprendre où se trouve la vérité pour peu qu'on le lui explique (*Gorgias*). La deuxième conséquence est que la raison est la même pour tous : il n'y a pas une pluralité de biens et de valeurs propres à chaque individu, mais au contraire un bien partagé par tous, même par ceux qui l'ignorent (ainsi le méchant qui fait le mal le fait sciemment, selon Socrate : sinon, pourquoi se cacherait-il ?). La raison est donc la capacité d'expliquer par les causes. Ce n'est pas tout de dire qu'une chose est mauvaise, il faut pouvoir dire pourquoi, et c'est là tout le projet de la philosophie.

2. c)

On peut considérer que l'histoire est « *un récit plein de bruit et de fureur raconté par un idiot* », comme le fait Shakespeare (1564-1616) dans *Macbeth*. L'histoire est alors un chaos, sans fin ni début, et les événements se succèdent sans raison. On peut au contraire considérer que la manière dont les événements s'enchaînent dans le temps n'est pas le simple résultat du hasard, mais que chaque époque nous rapproche d'un but ou d'une perfection de plus en plus grande. On parle en ce cas d'un « sens de l'histoire ». Cette manière de penser l'histoire peut être alors entendue de différentes façons.

Tout d'abord, on peut considérer l'histoire comme un mouvement qui nous apporte une évolution, un progrès perpétuel, permettant aux hommes de devenir au fil des siècles de plus en plus tolérants, éduqués et meilleurs moralement. Cette idée a vu le jour au XVIIIe siècle, à une époque où la Révolution française, qui a brisé l'influence de l'Eglise, impose aux philosophes de trouver une finalité à l'histoire qui soit proprement humaine et non plus religieuse. Le marquis de Condorcet (1743-1794) dresse ainsi son *Esquisse d'un tableau historique des progrès de l'esprit humain* comme une fresque : au début, les hommes étaient sauvages, barbares et cruels, ignorants des valeurs les plus fondamentales, comme la pitié ou la bienveillance. Puis, en établissant des lois, en protégeant les faibles, ils ont commencé à quitter le domaine des instincts pour entrer dans l'ère de la raison. Ainsi, plus l'histoire progresse, plus les hommes s'améliorent : chaque siècle leur permet de délaisser la superstition, la violence et la guerre, pour les remplacer par l'éducation, la politesse (art de vivre ensemble, du grec *polis* = ville) et la vertu. Cette conception des choses implique que les hommes sont indéfiniment perfectibles : il n'existe pas de limites à leur progrès ; ils iront sans cesse vers le meilleur et se perfectionneront davantage à chaque siècle. L'autre aspect de cette idée est que le progrès ne connaît pas de retour en arrière : chaque avantage acquis appartient pour toujours à l'humanité. Ainsi les hommes éclairés par la raison ne se conduiront plus comme les sauvages des premiers âges – le philosophe Cioran (1911-1995) aura beau jeu au XXe siècle de souligner que Condorcet fut guillotiné par ses amis révolutionnaires malgré sa confiance en l'être humain.

La deuxième manière de vouloir donner un sens de l'histoire est de considérer que les événements sont une suite d'étapes indispensables en vue d'un but auquel nous devrions parvenir un jour. C'est ce que fit Hegel (1770-1831) dans *Phénoménologie de l'esprit*. Pour le philosophe allemand, l'histoire ne fait rien en vain : chacun des milliards de faits qui la composent a sa raison d'être et son importance. Pour lui, l'histoire est entièrement rationnelle : même si nous sommes incapables de nous en rendre compte, la façon dont progresse l'histoire est logique. L'exemple de la Révolution française est significatif de ce que pense le philosophe : au XVIIIe siècle, le pouvoir politique est absolu, inégalitaire et monarchique (entre les mains d'un seul). A côté de cela, l'Evangile déclare que tous les hommes sont égaux, que leur seul maître est Dieu et que nul ne peut se placer au dessus de ses semblables. Il y a donc une contradiction – logique – que l'histoire va devoir résoudre : il faut réconcilier la manière dont le pouvoir politique s'exerce avec l'idée d'égalité. La solution : la Révolution française, qui va faire de tous les citoyens des êtres égaux en droit et qui va supprimer les privilèges. La Révolution n'est donc ni accidentelle ni surprenante. Elle est le moyen par lequel la contradiction logique entre deux idées a été résolue.

Mais, alors, quel est le but de l'histoire ? Pour Hegel, il est le moment où toutes les contradictions logiques existantes seront enfin supprimées. A ce moment, le monde sera entièrement rationnel, et arrivera alors ce qu'il appelle la « fin de l'histoire ». Comme tous les conflits de la raison auront désormais reçu leur solution, il ne sera plus nécessaire qu'il y ait d'autres conflits.

3. d)

Chacune de ces doctrines nie l'existence de la liberté humaine, mais toutes pour des raisons différentes.

Le déterminisme est une doctrine issue de la science physique et qui apparut au début du XIXe siècle dans les travaux du savant français Pierre Simon de Laplace (1749-1827). Son idée est que, tout comme les événements dans le monde de la physique obéissent à des principes intangibles (l'eau va bouillir dans l'atmosphère à 100 degrés), la vie des individus est elle aussi gouvernée par des lois qui rendent le comportement et les réactions de chacun aussi prévisibles que la chute des corps. Le déterminisme défend donc l'idée que nous ne choisissons pas d'agir d'une manière plutôt que d'une autre librement, mais que nous y sommes déterminés par des facteurs (sociaux, culturels, individuels) qui, si nous pouvions les analyser, montreraient que nous étions poussés à agir ainsi par ces éléments et que nous n'aurions pas pu faire autrement. Pourquoi, alors, ne pouvons nous pas prédire les réactions de quelqu'un ? Simplement parce que, l'esprit étant plus difficile à connaître que la matière, nous ignorons encore les lois qui nous gouvernent : mais un jour, lorsque nous serons en mesure de les découvrir, nous pourrons agir sur le comportement des hommes sans aucune marge d'incertitude (le terme « déterminisme » est encore employé de nos jours lorsque l'on parle de déterminisme social, pour dire qu'une personne possède déjà – avant même d'exister – un avenir tout tracé simplement en fonction du milieu social auquel elle appartient).

Le jansénisme est une doctrine religieuse qui est apparue au XVIIe siècle, et dont le philosophe et mathématicien Blaise Pascal (1623-1662) fut l'un des plus ardents défenseurs. Cette doctrine prétend que le salut ou la damnation que recherchent les chrétiens ne sont pas entre nos seules mains. En effet, les jansénistes pensent que, par nos propres moyens, nous sommes incapables de surmonter la tentation sans recevoir un secours divin, une sorte d'assistance qui nous permet de ne pas succomber. Ainsi, si jamais nous sommes tentés (de séduire une femme qui n'est pas la nôtre ou de voler quelque chose, par exemple) et que nous résistons, c'est que Dieu est intervenu pour nous empêcher de céder, et non parce que notre volonté nous aurait permis de résister. Or Dieu a déjà choisi de toute éternité ceux qu'il allait aider et ceux qu'il laisserait succomber : il y aurait donc une prédestination au salut ou à la damnation face à laquelle nous ne pouvons rien. La liberté humaine, fondée sur le libre arbitre (la faculté de choisir librement le bien ou le mal) disparaît donc entièrement, et aucun des efforts que nous pourrions faire ne peut y changer quelque chose. Cette théorie a été condamnée comme hérésie (interprétation des écritures condamnée par l'Eglise), et le mouvement janséniste a dû disparaître sous peine d'excommunication (rejet définitif hors de l'Eglise).

Le fatalisme, enfin, est la théorie qui reprend l'idée du destin écrit à l'avance, où tout ce que nous pouvons faire ou dire est déjà prévu, et où la marge dont nous disposons est inexistante. C'est ce que l'on retrouve sous une forme imagée dans le roman *Jacques le Fataliste* de Denis Diderot (1713-1784), où, sous la forme d'un grand rouleau écrit dans le ciel, le destin contient déjà toutes nos actions, réflexions, remarques, etc. Ainsi, tout ce que nous faisons se trouve déjà écrit dans le rouleau à l'avance, et même nos essais pour inventer des choses imprévues sont eux aussi anticipés par le destin. La liberté disparaît alors entièrement, et le sens moderne du mot fatalisme (résignation devant les événements) découle d'une doctrine où tout étant déjà écrit à l'avance, il ne sert à rien de vouloir se battre pour changer les choses puisque c'est en pure perte.

4. c)

Le problème des limites de la connaissance a reçu différentes réponses. La première est celle des sceptiques. Pour eux, la connaissance ne peut pas résister à l'épreuve du doute : tout est incertain, rien ne peut être prouvé de manière définitive, et le doute lui-même est douteux (puis-je être réellement sûr que je doute ?). Néanmoins, on peut considérer que c'est la position de Platon qui représente le mieux celle des philosophes. Pour lui, la vérité n'est pas immédiatement accessible. Les hommes vivent dans une caverne et prennent les ombres des objets qu'ils aperçoivent sur les murs pour les choses elles-mêmes. Il faut qu'un homme sorte de la caverne et découvre l'extérieur pour qu'enfin il puisse voir les choses telles qu'elles sont vraiment, dans la lumière du plein soleil. La signification de cette allégorie est la suivante : les hommes dans la caverne représentent la communauté politique. Ils pensent connaître le vrai, alors qu'ils ne s'arrêtent qu'aux apparences (les ombres sur les murs). Celui qui sort et voit le soleil est Socrate : lui seul, le premier, a vu l'essence des choses telle qu'elle existe dans l'esprit, c'est-à-dire le monde des idées (le bien, le beau, le juste, etc.). L'esprit humain est donc capable, pour peu qu'il fasse l'effort philosophique de suivre la vérité, de connaître le vrai. Il n'existe pas de limites à la connaissance des choses : les idées sont éternelles, immuables, et représentent la véritable nature des choses.

C'est au XVIIIe siècle que le philosophe allemand Emmanuel Kant (1724-1804) va bouleverser ce dogme qui restait un acquis pour tous les penseurs depuis Descartes jusqu'à Spinoza en passant par Leibniz (1646-1716). Pour Kant, le fait de vouloir s'élever jusqu'à l'idée pure (le Bien, le Juste...) représente une prétention exorbitante de l'esprit. Il semble au philosophe allemand qu'il faut envisager le problème autrement. Tout comme Copernic (1473-1543) a changé le centre de l'univers, en mettant le soleil à la place de la terre, Kant va reposer le problème des limites de la connaissance sous un angle inédit. Sa question n'est plus de savoir ce que je sais, mais quelles sont les limites inhérentes à la nature même de mon esprit. A partir du moment où je saurai ce que mon esprit est capable de penser, je pourrai du même coup écarter tout ce qui le dépasse. Il va ainsi entreprendre de rechercher les conditions *a priori* de la connaissance : que suis-je capable de connaître de par la forme même de mon esprit avant même que quoi que ce soit me soit donné dans l'expérience (tout comme l'analyse d'un œil, avant même qu'il ait commencé à servir, nous montrerait qu'il peut voir la lumière mais pas les infrarouges, par exemple) ?

Son idée est que tout ce que nous connaissons passe tout d'abord par deux canaux : le temps et l'espace. Les informations que nous recevons sont ensuite ordonnées dans notre esprit (Kant dirait « synthétisées »), de façon à devenir un tout cohérent et ordonné qui est la matière de notre réflexion. Pourquoi ordonné ? Parce que les synthèses que nous faisons obéissent à des règles qui sont toujours les mêmes, ce qui évite que ce que nous pensons un jour ne change le lendemain. Or il remarque justement que les idées dont parle Platon ne sont pas données dans l'expérience : je peux voir une situation injuste, un acte bon, mais en aucun cas je ne peux accéder au juste ou au bien en soi. Il conclut alors que lorsque nous essayons de parler des idées comme si elles étaient des absolus, nous dépassons les limites de notre expérience, alors que seule l'expérience (le temps et l'espace) nous fournit réellement des connaissances précises. Sa conclusion, qui va bouleverser profondément l'approche philosophique, est qu'il faut renoncer à vouloir penser ce qui ne nous est pas donné dans le temps et dans l'espace. Si je parle du bien, je parle de quelque chose qui n'existe pas à proprement parler, et je m'aventure au-delà de ce que mon esprit est capable d'analyser. Conséquence : je dis des choses invérifiables puisque personne ne peut vérifier ce dont je parle. En traçant cette limite, Kant prononce la « fin de la métaphysique », c'est-à-dire que les questions sur les causes premières (d'où venons-nous ?) ou les causes finales (où allons-nous ?) sont pour lui des questions fort intéressantes mais, hélas, sans objet, puisque nous essayons d'analyser des idées sur lesquelles nous n'avons pas de prise. Il faut donc se contenter de problèmes plus simples, et essayer de penser ce qui nous est donné dans le temps et dans l'espace, pour ne pas faire de la philosophie une sorte de bavardage fumeux, mais au contraire la ramener à des dimensions dans lesquelles elle retrouvera une vocation de science.

5. b)

La dénomination de « sciences de l'homme » est relativement récente. Elle fait suite à la volonté de connaître l'homme scientifiquement, et non plus simplement sur la base de la dialectique (voir le chapitre « Quelques notions » en fin d'ouvrage), mais à l'aide d'instruments capables de mesurer précisément les phénomènes humains.

Les domaines des sciences humaines concernent l'étude des peuples (sociologie si cette étude porte sur le peuple auquel on appartient, ethnologie si c'est l'étude d'une civilisation distincte), l'étude des échanges (économie) et l'étude du passé propre à un peuple (histoire). Le premier instrument qui visait à donner à ces disciplines un caractère scientifique fut évidemment l'emploi de mesures chiffrées, les chercheurs décidant de former un discours dont les affirmations deviennent quantifiables grâce à des pourcentages, des équations ou des statistiques. Le but est de donner à une proposition quelconque un caractère incontestable car appuyé par des repères chiffrés, les analyses ne sont plus alors l'expression de la subjectivité d'un chercheur mais une suite de vérités objectives que chacun peut vérifier.

En sociologie, les statistiques sont ainsi l'instrument principal à partir duquel les comportements des individus sont évalués sous forme de pourcentages, ce qui permet d'affiner la précision des travaux. Emile Durkheim (1858-1917), dans son étude sur le suicide, montre par exemple que ce sont majoritairement les jeunes qui sont concernés, surtout s'ils sont célibataires et vivent en milieu rural. Une fois délimité le champ d'étude, il est alors possible de rechercher des causes pertinentes, ce qui n'aurait pas été le cas si l'on s'en était tenu à de simple généralités sur la vie et la mort. On peut alors chercher à comprendre pourquoi les jeunes sont plus concernés que les autres, pourquoi il y en a moins en milieu urbain, etc.

C'est aussi le cas en histoire avec l'école des Annales, qui vit le jour au XXe siècle et dont les fondateurs furent les historiens Marc Bloch (1886-1944) et Fernand Braudel (1902-1985). Pour eux, l'histoire ancienne, qui se contente de retenir des dates et des faits isolés de leur contexte (1515 par exemple...), ne suffit plus à expliquer la genèse des événements. Leur lecture de l'histoire étant d'inspiration marxiste, ils considèrent que l'histoire n'est jamais le produit des actes d'un individu isolé, mais le résultat d'un environnement économique donné. C'est par des mouvements de fond que s'écrit l'histoire (lorsque, par exemple, l'industrie remplace l'agriculture) et les acteurs de ces changements ne sont pas uniquement ceux dont on a retenu le nom, mais tous les travailleurs ou capitalistes qui participèrent à ces évolutions. Ainsi la Révolution française marque-t-elle économiquement le triomphe de la bourgeoisie sur l'aristocratie, mais ni Napoléon (1771-1821) ni les parlementaires du tiers état n'ont fait à eux seuls cette histoire : ils ne sont apparus que grâce au contexte socio-économique auquel ils appartenaient, et leurs actions s'inscrivent dans le mouvement global de leur temps. Pour retrouver le contexte économique d'une époque, cette école d'historiens s'attache donc à évaluer de façon précise les moyens de production – quantité d'usines en activité, pourcentage d'individus appartenant au secteur primaire ou au tertiaire – afin de mesurer précisément la situation réelle du pays à un moment donné. A partir de ces chiffres, ils peuvent ensuite établir des relations et essayer d'expliquer l'histoire non plus comme résultant de l'action d'un seul mais au contraire comme liée à un environnement socio-économique donné.

La deuxième façon de rendre scientifique ces disciplines tient aussi dans la recherche de lois intangibles, tout comme la physique qui énonce des principes certains et toujours vérifiés par l'expérience : ce qui donne à la science sa supériorité est qu'elle énonce des proposition toujours vraies et qui ne tolèrent aucune exception. En économie notamment, la complexité extrêmement élevée des outils mathématiques vise à permettre de formuler des lois qui possèdent la même rigueur que celles des sciences de la nature. Le « principe du cricket », par exemple, décrit le phénomène qui veut que toute personne habituée à vivre avec un certain revenu conservera le même niveau de dépenses, et cela même si son revenu s'est effondré entre temps.

6. a)

Cette expression désigne l'époque qui commence avec trois penseurs : Karl Marx (1818-1883), Friedrich Nietzsche (1844-1900) et Sigmund Freud (1846-1939). Tous trois vont en effet remettre en cause certaines vérités – sociales, religieuses ou psychologiques –, et chercher quelles sont les intentions cachées qu'elles dissimulent. Après eux, la méfiance deviendra désormais une règle en philosophie.

Pour l'économiste allemand Karl Marx, le soupçon doit porter sur les véritables raisons qui se trouvent à la base de l'organisation sociale. Derrière les institutions – justice, économie, politique –, soi-disant neutres, et les discours qui prétendent que la répartition des richesses est organisée de manière rationnelle et juste, il devine une réalité beaucoup plus dure : la lutte des classes. Cette lutte oppose ceux qui détiennent les moyens de production (les capitalistes) à ceux qui n'ont rien d'autre à vendre que leur force de travail (les prolétaires) ; elle est la véritable structure sur laquelle repose la communauté. Le but de ceux qui possèdent est de se protéger de ceux qui n'ont rien, tandis que celui des prolétaires est de tenter malgré tout d'augmenter leurs richesses. L'organisation sociale que nous observons autour de nous est ainsi ce que Marx appelle la « superstructure », c'est-à-dire l'ensemble des formes à travers lesquelles les possédants s'efforcent de conserver le plus de richesses possibles. Morale, religion, droit, justice : rien de tout cela n'obéit en réalité à autre chose qu'au désir de maintenir intacte la différence entre les classes. Par exemple, si le vol est puni, ce n'est absolument pas parce que c'est juste (dans la cité grecque de Sparte, le vol était au contraire un signe d'intelligence et de ruse). Il s'agit simplement d'un moyen pour les propriétaires de défendre leurs biens face à ceux qui ne possèdent rien. De même, la religion, en promettant un monde meilleur après cette vie, calme les prolétaires qui seraient tentés de se révolter devant l'injustice de leur condition sociale (d'où l'expression d'« opium du peuple »), et permet aux possédants de ne pas redouter que se produise une révolution. Marx jette donc le soupçon sur les valeurs auxquelles nous croyons – le travail, la justice sociale – et montre qu'en réalité elles ne sont que les déguisements qu'utilisent les capitalistes pour éviter la répartition équitable des richesses que seraient en droit de réclamer les prolétaires, qui les enrichissent sans jamais en retirer les bénéfices qui devraient être les leurs.

Pour Nietzsche, la nature du soupçon est différente : il porte davantage sur les intentions réelles qui sont à l'origine des grands discours. Ainsi, il faut, d'après le philosophe allemand, creuser bien au-delà de ce que nous pouvons entendre, et toujours chercher la vérité ailleurs que dans les paroles. Par exemple, les raisons qui poussent Socrate à se promener dans les rues de la Cité pour interroger les passants sur le bien et le juste ne sont pas une soi-disant « recherche de la vérité ». Selon Nietzsche, l'explication est ailleurs : si le philosophe grec traînait de la sorte dans les rues, c'est simplement qu'il ne pouvait pas supporter d'être seul chez lui avec sa femme ! (*Crépuscule des idoles*). Socrate eût-il été mieux marié, la philosophie ne serait jamais apparue... La méfiance doit donc nous pousser à refuser d'accepter en bloc les explications grandioses pour rechercher à la place les motifs mesquins et moins nobles qu'elles dissimulent, souvent bien plus vrais car bien plus profonds.

Enfin, avec Freud, le soupçon porte sur les véritables raisons qui poussent un individu à dire ou à faire quelque chose. On sait que l'inventeur de la psychanalyse à expliqué dans ses *Essais sur la psychanalyse* que le lapsus (mettre un mot à la place d'un autre) était la manifestation d'un désir inconscient : en appelant Legros une personne que je n'aime pas et qui s'appelle en réalité Lecros, je me permets de lui dire quelque chose qui sera pardonnable puisque involontaire. En réalité, dit Freud, ce n'est pas du tout par hasard que le lapsus a eu lieu, mais parce qu'au fond de moi je pense effectivement que cet individu est un peu corpulent et que je ne peux pas lui dire directement. Les actes ont également pour Freud plusieurs niveaux de signification : là où je pense faire une action volontairement se dissimule peut-être quelque chose que je refoule au fond de mon inconscient. Par exemple, si je ne me réveille pas un jour d'examen, je mettrai ce retard sur le compte de mon réveil. En réalité, peut-être est-ce parce qu'au fond de moi je n'ai aucune envie d'avoir ce concours, ou bien même parce que je sais que si je l'obtenais, je serais obligé de faire des choses qui me déplaisent. C'est ce que Freud appelle un « acte manqué ». Consciemment, je crois sincèrement ne pas avoir fait cet oubli volontairement alors qu'inconsciemment j'ai des raisons de ne pas vouloir me lever. Autre exemple : la mariée qui oublie le jour de ses noces où elle a mis les alliances... Pour Freud, aucun doute qu'elle ne tient pas à être mariée, et il en reçoit la confirmation quelques mois plus tard lorsque le couple se sépare. Le soupçon freudien consiste donc en ceci qu'il recherche derrière des erreurs apparemment involontaires des motifs cachés, inconscients parfois même pour l'individu lui-même, mais qui tendent à prouver que les véritables raisons qui nous poussent à agir sont parfois complètement ignorées.

Ces trois philosophes donnent ainsi, à l'aube du XXe siècle, une image de l'homme qui n'a plus guère de rapport avec celle de la philosophie classique. Ainsi l'homme est guidé par l'intérêt économique et non pas par sa seule raison, il a tendance à être hypocrite même lorsqu'il est philosophe, et il est parfois victime de motifs inconscients qui le poussent à agir sans qu'il soit capable de s'en rendre compte. Le mythe de l'homme guidé par sa conscience et par la vérité appartient au passé.

7. c)

A cette question, nous aurions coutume de répondre tout le temps et toujours : $E=mc^2$ est vérifié en tout point de l'univers et à tout moment. Or ce n'est pas ce que pensait le philosophe anglais David Hume (1711-1776), qui, par ses écrits, a influencé Kant et la plupart des épistémologues contemporains. Ainsi, dans son ouvrage *Enquêtes sur l'entendement humain*, Hume analyse le phénomène de la causalité en étudiant un exemple en particulier : ce qui se produit sur un endroit habituellement ludique, une table de billard. Lorsque nous observons une partie et que nous voyons une boule en frapper une autre et qu'ensuite cette autre boule se met à son tour en mouvement, nous n'aurions aucune hésitation si quelqu'un nous demandait pourquoi la deuxième boule se déplace : parce que la première l'a heurtée, répondrions-nous. Nous affirmerions donc avec conviction que le choc de la première boule est cause du mouvement de la seconde. Or David Hume envisage la question autrement. Comment, en effet, savons-nous avec certitude que c'est bien la première boule qui a causé le déplacement de la seconde ? Au nom de quoi pouvons-nous établir entre ces deux phénomènes un rapport de cause à effet, n'hésitant pas à relier entre eux deux événements qui pourtant n'ont aucun rapport direct (je vois la première boule en mouvement, puis la seconde, mais qu'est-ce qui me permet de penser que ces deux phénomènes sont liés ?). Sa réponse est la suivante : nous pensons que la première boule est cause du mouvement de la seconde parce que nous avons l'habitude de voir ces deux faits se suivre dans le temps. Nous avons toujours vu une boule heurtée par une autre se mettre à son tour en mouvement, et nous en déduisons alors qu'il existe un lien de causalité entre ces deux événements. Or ce que nous prenons pour une explication n'est qu'un abus de l'esprit : il n'y a aucune preuve que les deux phénomènes soient effectivement liés. Ainsi nous avons pour habitude de penser que le soleil se lèvera demain parce que nous avons toujours vu le soleil se lever après la nuit, or il est tout à fait possible qu'il en soit autrement : le soleil peut très bien disparaître pendant notre sommeil.

Cette théorie développée par David Hume, qui veut que la relation de causalité n'exprime que ce que nous avons l'habitude de voir et non un véritable rapport entre les objets, influencera profondément les épistémologues, et cela jusqu'au XXe siècle. Ainsi, le cercle de Vienne (*Wiener Kreis*), groupe de savants et de scientifiques autrichiens dont faisaient partie Ludwig Wittgenstein (1889-1951) et Karl Popper (1902-1994), l'utilisera fréquemment dans ses réflexions sur la valeur des théories en physique. Les membres de ce cercle cherchent en effet à définir les limites de la validité d'une proposition scientifique (jusqu'où est-elle vraie ?), et le critère qu'ils retiennent découle directement des remarques du philosophe anglais : pour eux, le degré de vérité d'une proposition scientifique est qu'elle est vraie jusqu'à ce qu'un phénomène contraire apparaisse et la contredise. Selon ces savants, dire que l'eau bout à 100 degrés n'est donc pas l'énoncé d'un principe intangible et absolument certain, c'est simplement vrai jusqu'à ce que le contraire se produise éventuellement un jour.

La validité d'une proposition scientifique devient donc extrêmement fragile : elle est toujours susceptible d'être remise en cause, et même les certitudes des chercheurs sont à la merci de la contradiction. Karl Popper en fera même le seul critère grâce auquel il est possible de reconnaître une théorie réellement scientifique. Pour lui, une théorie doit comporter en elle-même la possibilité d'être contredite : c'est ce qu'il appelle « la réfutabilité ». C'est-à-dire qu'elle ne doit pas se contenter d'énoncer une règle (l'univers est courbe, par exemple), elle doit laisser la place à la découverte de la preuve contraire (je peux alors vérifier si c'est réellement le cas grâce à l'observation astronomique). Une théorie qui n'est pas réfutable, c'est-à-dire qui ne comporte pas en elle-même d'éléments susceptibles de la contredire, n'a pas plus de valeur qu'une affirmation fantaisiste. Ainsi, dans la théorie de la relativité, Einstein donne des éléments qu'il est possible de vérifier, et donc de rejeter s'ils ne sont pas vrais : pour savoir si l'univers est courbe, il suffit d'observer le mouvement des photons et de voir si leur trajectoire est droite ou inclinée. En revanche, le communisme n'est pas pour Popper une théorie réellement scientifique puisqu'elle ne comporte aucun angle sous lequel il serait possible de lui apporter la moindre contradiction.

8. c)

La conception de la vérité en mathématiques telle qu'elle a été comprise jusqu'au XIXe siècle provient directement d'un ouvrage du géomètre grec Euclide (IIIe siècle av. J.-C.), intitulé *Les Eléments*. Il s'agit là du premier traité connu de géométrie, où pour la première fois l'ensemble des propositions sont démontrées les unes après les autres de façon logique et cohérente, à l'aide de quelques propositions initiales, appelées axiomes, et qui sont des vérités tellement évidentes intuitivement que personne ne songerait à les contester. Citons un exemple d'axiome : par un point donné, il n'est possible de mener qu'une seule parallèle à une droite.

Les propositions mathématiques tirent donc leur force de l'évidence : elles reposent sur des fondements si clairs que leur certitude est incontestable, et c'est pour cette raison que les démonstrations des géomètres sont pour les philosophes le modèle de tout raisonnement : une argumentation philosophique doit enchaîner son déroulement avec la même rigueur que le mathématicien enchaîne les étapes de son raisonnement. On peut ainsi comprendre pourquoi Platon (427-347 av. J.-C.) fait graver au dessus du portique du Lycée, lieu où il dispensait son enseignement magistral à ses disciples, que « *Nul n'entre ici s'il n'est géomètre* ». On comprend également pourquoi

Descartes (1596-1650) s'inspire de l'analyse mathématique dans son *Discours de la méthode*, en considérant que les règles qu'utilisent les géomètres sont le meilleur moyen pour guider son esprit jusqu'à la vérité. Même Spinoza (1632-1677) rédigera entièrement son ouvrage intitulé l'*Ethique* en style géométrique, utilisant lui aussi des axiomes comme bases indiscutables de son raisonnement, et ce afin de pouvoir démontrer avec certitude sa philosophie.

Or, à partir du XVIe siècle, avec l'essor de l'algèbre, voici que les géomètres entreprennent de vouloir démontrer les axiomes d'Euclide : ils ne veulent plus les utiliser simplement comme des instruments dont la certitude proviendrait de l'évidence, mais cherchent à comprendre comment on peut les démontrer, eux aussi, par des moyens purement mathématiques. Et voici que se produit un événement inattendu concernant le cinquième postulat. Dans celui-ci, Euclide énonce que par un point donné hors d'une droite, il n'est possible de mener qu'une parallèle et une seule à cette droite. Cela semble évident : vouloir mener une deuxième parallèle par ce même point ne conduirait qu'à recouvrir la précédente. Mais pour démontrer ce qui semble aller de soi, les géomètres rencontrent une difficulté : si je mène une parallèle passant par un point donné à une droite donnée, cela signifie qu'en traçant la perpendiculaire aux deux droites, l'angle formé à l'intérieur des parallèles par la perpendiculaire doit être droit à chaque intersection : un premier angle droit pour la parallèle construite à partir du point, un deuxième pour la deuxième droite. Et, à la surprise des mathématiciens, la preuve de cette évidence se révèle impossible à établir : il est en effet impossible de démontrer que les angles à l'intérieur des parallèles et formés avec une droite qui leur serait perpendiculaire doivent nécessairement être des angles droits. Pendant plus de trois siècles, cette anomalie restera sans solution, les chercheurs se disant qu'un jour la preuve manquante serait faite. C'est au XIXe siècle que se produira l'impensable, à partir des travaux d'un grand mathématicien nommé Riemann (1826-1866). Ce dernier se rend compte également que la nécessité de l'angle droit à l'intérieur des parallèles est indémontrable : dans ce cas, se dit-il, pourquoi ne pas essayer des calculs où l'angle intérieur serait considéré comme aigu ou obtus, afin d'en observer les conséquences. A son grand étonnement, les hypothèses qu'il utilise se révèlent compatibles avec le reste des démonstrations, et ne sont pas du tout invalidées mathématiquement, alors que le sens commun ne peut, lui, pas s'expliquer comment les angles d'une perpendiculaire à deux parallèles pourraient être autrement que droits.

C'est à ce moment que la vérité mathématique se sépare complètement de l'intuition, et que la vérité des démonstrations ne peut plus désormais être trouvée ailleurs que dans les outils conceptuels utilisés pour les démonstrations mathématiques elles-mêmes : les axiomes posés comme vrais à l'origine et qui servent à effectuer l'ensemble des calculs. Qu'est-ce à dire ? Que l'intuition n'est plus d'aucun secours dans ce que l'on va appeler désormais les « géométries non euclidiennes ». Les parallèles peuvent se croiser, une droite peut même y être perpendiculaire à elle-même. Mais il ne faut plus essayer de se représenter ce qu'une telle chose peut vouloir dire : la signification d'une telle proposition – que l'on trouve par exemple dans la quatrième géométrie de Poincaré (1854-1912) – n'a de signification que mathématique. Inutile de vouloir comprendre la vérité mathématique autrement qu'à l'aide de calculs cohérents et non contradictoires. La vérité mathématique n'est donc plus que le maniement logique de symboles, mené à partir des axiomes et dont tout lien avec l'intuition a entièrement disparu.

9. a)

Il est possible d'apporter deux réponses à cette question, la première est philosophique, la seconde est scientifique. C'est au philosophe français Henri Bergson (1859-1941) que l'on doit la distinction la plus pertinente, celle qui distingue le temps de la durée. Pour lui, le temps est l'ensemble des mesures mathématiques que nous utilisons pour mesurer l'écoulement temporel : les secondes, les minutes sont identiques partout dans l'univers. Une seconde, que quelqu'un la vive dans l'ennui d'une salle de classe ou dans l'exaltation d'un départ en vacances, reste toujours une seconde. La durée, en revanche, désigne la manière dont le temps s'écoule en moi : les heures que je passe à attendre un train et celles qui s'enfuient lors d'une rencontre amoureuse ne sont pas vécues de la même manière ; elles sont qualitativement différentes, bien qu'elles soient quantitativement identiques.

Pour le philosophe, c'est la durée qui est la véritable mesure du temps : la durée reflète le temps véritablement humain, celui que nous ressentons, par opposition à la mesure mathématique, qu'il considère comme une abstraction, utile certes, mais incapable de restituer l'intensité véritable de notre existence. Les travaux d'Albert Einstein (1879-1955) ont, eux aussi, mis à mal l'idée d'un temps uniforme, même en ce qui concerne la mesure scientifique du temps. L'idée d'un temps absolu, qui serait le même en chaque point de l'univers, provient de sir Isaac Newton (1649-1727) : pour le savant, le temps et l'espace sont identiques en tout point de l'univers. Une seconde reste une seconde, ici ou dans la galaxie la plus éloignée, comme un mètre identifiera toujours la même distance entre deux points. Dans sa théorie de la relativité restreinte puis générale, Einstein va bouleverser ces évidences. Tout d'abord en constatant que la mesure du temps dépend du repère que l'on utilise pour le mesurer : le voyageur dans le train a l'impression d'être immobile par rapport aux autres passagers, alors que pour l'observateur extérieur tous se meuvent à grande vitesse. C'est ensuite avec la relation qu'il établit entre le temps et l'espace que le savant va bouleverser les absolus posés par Newton : en effet, le temps doit être mesuré en fonction de la vitesse. Loin d'être une donnée stable en toute circonstance, le temps décroît à mesure que la vitesse augmente : en clair, si je me déplace à bicyclette, je vieillis moins vite que si je marche. Le phénomène est imperceptible, puisqu'il est infime, mais il est réel.

C'est ce que l'on désigne par le terme d'« espace-temps » : les deux sont liés, puisque plus je parcours d'espace en un temps donné, plus la manière dont le temps s'écoule dans cet espace ralenti pour celui qui le parcourt. Le temps est donc élastique, il dépend à la fois de la position de celui qui le mesure (est-il immobile ou en mouvement ?), et il change selon la vitesse à laquelle je l'aborde. Ce qu'on appelle « quatrième dimension » est ainsi la dimension où espace et temps sont liés : non plus simplement hauteur, largeur et profondeur, mais aussi espace par rapport au temps, puisque les deux éléments sont indissociables l'un de l'autre (la vitesse n'est rien d'autre que le temps par rapport à l'espace). La mesure du temps n'est donc pas une mesure qui se fait de façon indépendante de l'espace, puisque selon la vitesse à laquelle je me déplace, le temps que je mesure va changer. L'idée d'un temps uniforme qui s'écoulerait partout et toujours de la même manière a vécu. Désormais *« tout est relatif »*.

10. c)

La suprématie de la démocratie sur les autres formes de régimes politiques est relativement récente. Dans l'Antiquité, Platon fut le premier dans *La République* à dresser une typologie des différentes formes d'organisation politique, en tâchant d'évaluer les avantages et les faiblesses de chacune. Il distinguait ainsi la monarchie, l'aristocratie et la république. La monarchie est le régime où un seul gouverne en vue de l'intérêt général, l'oligarchie celui où un petit groupe dirige dans l'intérêt de tous, et la république celui où chacun gouverne pour le bien-être commun. Mais lorsque ce n'est plus l'intérêt général qui est visé, mais l'intérêt particulier, les régimes se corrompent et Platon considère qu'ils changent alors de nature : la monarchie devient une tyrannie, l'aristocratie devient une oligarchie, et la république devient une démocratie. Ce qui signifie que pour le philosophe grec, la démocratie n'est rien d'autre que la forme altérée de la république : lorsque c'est l'ensemble des citoyens qui gouverne, mais que chacun ne recherche que son intérêt particulier au détriment du bien commun, la vérité disparaît du champ politique pour laisser la place au mensonge et à l'égoïsme.

Cela a deux conséquences : la première est que pour Platon la forme du régime n'est pas suffisante pour garantir sa fiabilité. Ce n'est pas parce que chaque citoyen peut agir politiquement que le régime est plus juste, c'est d'abord parce que chacun y recherche le bien commun avant son intérêt personnel. La seconde est que la monarchie est pour Platon préférable à toute autre forme de régime : le philosophe-roi, éclairé par la vérité et placé à la tête de la Cité, est seul capable de conduire chacun selon le bien. Toutefois, n'étant pas naïf, Platon considère cette hypothèse comme « *la chose la plus rare du monde* » (lui-même ayant été vendu comme esclave après avoir voulu aider le tyran Denys de Syracuse à diriger sa Cité).

La supériorité de la démocratie a en fait vu le jour dans le courant de pensée qui apparaît à la fin du XVIIIe siècle, et que l'on désigne sous le terme de « siècle des Lumières ». En réaction à l'absolutisme monarchique, qui permettait au roi d'emprisonner qui il voulait de façon entièrement discrétionnaire, les philosophes de l'époque veulent proposer des règles pour rééquilibrer le pouvoir et le rendre plus juste et plus mesuré. Montesquieu (1689-1755) énonce ainsi sa théorie de l'équilibre des pouvoirs dans *L'Esprit des lois*. Selon lui, la tyrannie peut apparaître dans un pays lorsqu'un seul individu concentre entre ses mains les trois pouvoirs : législatif (faire la loi), exécutif (appliquer la loi) et judiciaire (rendre la justice par les tribunaux). Il propose alors la séparation des pouvoirs : les trois domaines doivent être coupés les uns des autres pour éviter qu'un usage inique de la justice puisse apparaître (emprisonner ses ennemis sans raisons, condamner sans preuves...). Mais c'est surtout Rousseau (1712-1778) qui prolongera l'idée de Montesquieu en lui ajoutant l'idée de démocratie comme forme la plus haute de la justice politique. En effet, malgré la séparation des pouvoirs, il est encore possible à certaines personnes – comme, par exemple, lorsque les électeurs sont uniquement les individus les plus riches – de voter des lois à la place du peuple et d'obliger ce dernier à obéir sans qu'il soit à un seul moment invité à donner son avis. La loi peut alors être totalement injuste, chacun devra néanmoins lui obéir. En revanche, remarque Rousseau dans *Le Contrat social*, en démocratie, c'est le peuple qui se donne la loi à lui-même.

Qu'est-ce à dire ? Que, dans une démocratie indirecte telle que la nôtre (celle où les lois sont faites par l'intermédiaire de représentants comme les députés, et non directement à main levée comme c'est le cas dans certains cantons suisses – on parle alors de démocratie directe), les représentants sont supposés choisir les lois que les individus auraient votées eux-mêmes. Leurs choix reflétant les aspirations des citoyens qui les ont élus, on peut alors dire que c'est le peuple qui se donne à lui-même sa propre loi : s'il n'en voulait pas, il n'avait qu'à voter pour des élus qui n'auraient pas proposé une telle loi. Dès lors, la loi n'est plus subie de façon arbitraire : dans la démocratie, elle est l'expression des vœux de la majorité, et donc chacun doit s'y soumettre puisque c'est lui qui l'a choisie. La démocratie est donc le régime le plus juste non pas parce que chacun y est égal dans le vote (une voix pour tous), mais parce que la loi qui provient de l'ensemble des citoyens est voulue par les citoyens eux-mêmes, et librement consentie.

11. b)

On appelle ainsi la doctrine juridique qui fait du droit et de la loi les seuls critères pour distinguer le juste de l'injuste, à l'exclusion de tout autre facteur. Le conflit entre loi et justice a reçu son illustration la plus parfaite dans la tragédie de Sophocle (495-405 av. J.-C.), *Antigone*, reprise au XXe siècle par le dramaturge Jean Anouilh (1910-1987). Antigone a perdu un frère, Polynice, tué alors qu'il essayait de s'emparer du pouvoir détenu par son oncle Créon. Afin de punir cette rébellion contre son autorité, Créon interdit que quiconque donne une sépulture à Polynice sous peine de mort, empêchant l'âme de ce dernier de rejoindre ses aïeux. Antigone, invoquant alors la loi divine qui veut que chaque mort soit enterré, supérieure à ses yeux au décret humain de Créon, brave l'interdiction au péril de sa vie et finit par mourir.

La tragédie pose ainsi l'idée qu'il existerait une forme de justice supérieure à celle des hommes, et que les lois humaines doivent respecter pour ne pas devenir injustes et trahir l'esprit même du droit. C'est aussi cette idée que défend Platon dans *La République*, lorsqu'il dit que *« le juge doit faire les lois en ayant les yeux dirigés sur l'idée du bien »*. Là encore, le bien est au-dessus de la loi et, pour être bonne, la loi doit respecter le bien. Celui qui ne connaît pas le bien est donc incapable de faire une loi bonne

– excepté par accident – et c'est pour cette raison que si le juge n'est pas philosophe (ami de la vérité), il ne peut pas diriger la justice de la Cité.

Mais pour les légalistes, ce point de vue pose problème : quelle va être en effet la norme utilisée pour juger si une loi est bonne ou mauvaise, dès lors qu'on se réfère à un droit « invisible », écrit dans le ciel et que chacun peut interpréter à sa guise ? N'y a-t-il pas au contraire un risque d'injustice et d'arbitraire encore plus grand ? Leur réponse est donc de défendre l'idée selon laquelle toute loi est bonne, et cela simplement parce qu'elle est loi. Ce courant connaît son essor au XVIIe siècle, juste après la tourmente révolutionnaire. L'abolition des privilèges et la Déclaration des droits de l'homme semblent à certains des innovations dangereuses qui font table rase de longues traditions locales (le droit coutumier, fondé sur la coutume) pour imposer par la force des normes nouvelles, inadaptées aux réalités de chaque région.

Ces penseurs, comme l'écrivain Joseph de Maistre (1753-1821) dans son livre *Les Soirées de Saint-Pétersbourg*, jugent que les idéaux révolutionnaires – l'égalité, la fraternité... – sont des chimères qui n'existent que dans l'esprit de ceux qui les défendent, alors que la tradition sur laquelle reposait la monarchie avait permis de trouver des solutions concrètes adaptées aux mentalités de chacun. Il refuse donc que l'on invoque une prétendue justice supérieure au droit pour défaire en quelques mois ce que des siècles ont bâti. Pour Joseph de Maistre, la loi est forcément bonne puisqu'elle est la manière dont des générations ont cru bon de devoir répondre à certains problèmes (le vol, le meurtre...), et la réponse retenue est forcément la meilleure puisque c'est elle que l'ensemble d'une communauté a jugé préférable à toutes les autres. Vouloir fonder le droit sur des principes purement intellectuels conduit ainsi, selon lui, à l'injustice : à sa décharge, précisons que lui-même avait échappé de justesse à la Terreur et avait vu nombre de ses camarades se faire guillotiner.

Au XXe siècle, le légalisme demeure d'actualité, en particulier dans les travaux du juriste autrichien Hans Kelsen (1881-1973), dans son ouvrage *Théorie pure du droit*. A ses yeux, la règle juridique ne peut être critiquée qu'à travers une autre règle écrite : c'est-à-dire que si le système juridique n'a pas prévu en lui-même les moyens de se réformer, alors il est impossible de le critiquer, et cela au nom de quelque valeur que ce soit. La raison en est que si les règles du droit pouvaient être attaquées au nom de principes non écrits, la valeur de la règle disparaîtrait pour laisser place à des modifications incessantes et injustifiées. Le droit perdrait alors sa valeur de référence immuable et changerait constamment, mettant en péril la stabilité nécessaire à la bonne marche de la loi. Mais un problème demeure : un dictateur pensera-t-il toujours à laisser dans sa constitution les moyens juridiques de se faire contredire ?

12. a)

Cette affirmation est celle d'Aristote, qui définit l'homme comme « *un animal doué de langage* ». Qu'est-ce à dire précisément ? Non pas que l'animal est une catégorie d'êtres entièrement distincte de la nôtre et que nous devons la regarder avec mépris. Au contraire, la pensée du philosophe grec commence par nous rappeler que notre condition est bien d'appartenir à ce règne au même titre que les autres espèces. La différence essentielle est ailleurs : elle se trouve dans le langage. Car, selon Aristote, la faculté de parole est ce qui fait que nous passons du statut d'animaux au statut d'êtres « humains » : est humain l'animal qui possède la parole, et seul l'homme a cette capacité.

Pourtant, serions-nous tentés de répondre, que penser des cris, des attitudes ou des expressions de certaines bêtes, notamment celles qui nous sont familières ? Le chien n'exprime-il pas à sa façon qu'il est content lorsqu'il aboie devant un os ? Dès lors, on pourrait penser que ce cri constitue une forme de langage. La distinction pertinente pour comprendre ce qui sépare en réalité ce mode d'expression d'un véritable langage nous a été fournie sous sa forme la plus claire par André Martinet. Ce linguiste, dans ses *Cours de linguistique générale*, explique en effet ce qui distingue l'homme de l'animal, à l'aide d'un critère précis : la différence entre signe et signal.

Qu'est-ce qu'un signal ? C'est un type de message auquel nous associons immédiatement et automatiquement une certaine réponse. Par exemple, pour le conducteur d'une voiture, un feu rouge provoquera un freinage, mais sans que celui-ci ait eu à réfléchir : il associe au signal (le rouge) une réponse instantanée. Les animaux, nous dit Martinet, font de même lorsqu'ils s'expriment. Face à un signal donné (un bâton ou une assiette de nourriture), ils réagissent avec le type d'expression qui sera approprié : des cris de peur ou l'expression de la satisfaction. Mais cela ne peut être considéré comme du langage dans la mesure où c'est la nature du signal qui conditionne la réponse de l'animal. Jamais devant un bâton un chien n'utilisera les sons qu'il emploie devant de la nourriture. Il est déterminé à utiliser un certain cri, et il ne peut le changer ou le moduler. En outre, ce qu'exprime l'animal face au signal qu'on lui donne est automatique : tout signal appelle une réponse immédiate et non destinée à faire l'épreuve de la durée. Cet aspect immédiat rend une telle réponse très limitée. Elle est valable face au signal que rencontre l'animal, mais elle ne possède aucune valeur dans le temps : elle ne signifie rien au-delà du signal qui l'a provoquée.

L'être humain, en revanche, explique Martinet, possède la capacité de symboliser. Il s'agit même, selon le linguiste, du fondement de la capacité rationnelle. Symboliser, c'est être à même précisément de dépasser l'immédiat pour utiliser des signes qui conservent leur signification dans la durée. Car le symbole exprime un objet mais il n'a pas besoin de la présence de cet objet pour être compris. Par exemple, si je parle d'une forêt, je n'ai pas besoin de l'avoir en face de moi pour savoir ce dont il s'agit : le mot « forêt » (qui est un symbole) me renvoie à ce dont il est question même en l'absence de la chose (la forêt réelle, qui est désignée par le mot). C'est la capacité d'abstraction propre à l'être humain qui se révèle dans le symbole. L'esprit dépasse le donné pour le représenter sous forme de concepts (des notions générales). Et ces concepts sont l'essence du langage que nous utilisons. Ainsi, dans un premier temps, les mots n'ont pas de rapport automatique avec ce qu'ils désignent, comme c'est le cas du signal. Il n'existe, entre un groupe d'arbres et le mot « forêt », aucun lien naturel ou nécessaire : nous aurions aussi bien pu utiliser d'autres sons pour désigner cet objet, ce qui explique que différents mots soient employés dans les différentes langues pour désigner des objets identiques. C'est donc par un processus d'élaboration rationnelle que nous avons choisi ce terme, et non par une sorte de réflexe.

De plus, le symbole ne se comprend que dans le cadre de la rationalité. Nous pouvons relier entre eux les différents symboles que sont les mots et cela nous permet de donner du sens à ce que nous souhaitons exprimer. Le signal, lui, ne se complète pas avec d'autres signaux. Il n'y a entre les signaux aucune combinaison possible qui viendrait enrichir ou approfondir ce que l'animal veut exprimer. Face à la peur, le chien aboie d'une certaine façon, mais, comme nous l'avons déjà souligné, il ne peut développer ou moduler sa réponse. Le langage, au contraire, résulte de la combinaison de symboles. La réunion des mots, selon leur ordre, fait varier la signification des messages et permet de nuancer le sens de ce que nous désirons exprimer. La signification de ce que nous pouvons exprimer n'est donc pas limitée à un nombre restreint de possibilités ; elle peut se développer et s'enrichir indéfiniment (ce que n'autorisent pas les réponses à des signaux).

Enfin, le symbole est abstrait et permet la généralisation. Celle-ci est double. Tout d'abord, le mot lui-même est généralité. « Voiture » peut désigner cette voiture-ci, mais regroupe en fait le concept même de voiture. Le mot rassemble sous une seule étiquette tous les cas particuliers qui peuvent correspondre à ce qu'il dénomme. Cette fonction du symbole n'appartient qu'à l'homme : elle constitue sa caractéristique essentielle, celle d'être capable de représentations mentales qui lui servent à penser le monde et à se servir pour cela d'entités qui n'ont de sens que pour la raison. C'est ce qui explique que lorsque nous disons d'un animal qu'il « ne lui manque que la parole », nous sommes précisément en train d'indiquer ce qui nous sépare radicalement de lui. L'animal ne peut conceptualiser : il ignore la généralisation, et donc le concept. Or les concepts sont le fondement du rôle symbolique que remplit le langage, celui de pouvoir regrouper derrière un signe la diversité infinie du réel. L'animal « *peut exprimer une émotion,* dit Martinet, *mais il ne peut pas la dénommer* ». Ensuite, le langage est destiné à être utilisé en situation, mais la valeur du symbole est de rester valable au-delà de la situation qui le rend nécessaire. Une phrase peut conserver sa signification plus longtemps que les circonstances qui lui donnent une actualité, alors que le signal n'a de portée que face à l'objet qui le fait apparaître. Une fois le danger écarté, le chien n'a plus de raison d'aboyer, alors que des mots écrits conserveront indéfiniment leur signification.

Ces nombreux éléments expliquent donc que, malgré la proximité que nous entretenons avec les animaux, catégorie à laquelle nous appartenons par notre corps, le langage est notre bien propre, celui que nous ne partageons avec aucune autre espèce et qui constitue notre singularité la plus essentielle puisque c'est à partir d'elle que nous pouvons penser.

13. c)

L'expression « *le meilleur des mondes possibles* » appartient au vocabulaire du philosophe allemand Leibniz. Elle désigne la manière dont l'univers dans lequel nous vivons est conçu et accompli par Dieu, c'est-à-dire de la meilleure façon qui soit. A ce titre, nous sommes effectivement dans le meilleur de tous les mondes possibles, selon le philosophe. Toutefois, pour comprendre exactement ce que signifie cette idée, il faut d'abord savoir que, pour Leibniz, c'est Dieu qui est à l'origine de toute chose. Il conçoit l'univers dans son esprit (qui est parfait parce qu'infini), et ensuite, seulement, il décide ou non de faire exister les choses. Si un être ou un objet possède l'existence (mes parents, cette table, la terre), c'est parce que Dieu a décidé de la lui donner : rien n'existe par lui-même, seul Dieu peut faire apparaître quelque chose dans ce que nous appelons la réalité. Et comme il ne veut que le meilleur, le monde qu'il a créé (le nôtre) est donc parfait.

Le problème que rencontre la pensée de Leibniz est alors le suivant : comment peut-on accepter cette idée que Dieu est parfait et qu'il veut le meilleur puisque tout autour de nous le monde est loin de la perfection ? Si chaque chose qui existe vient de Dieu, nous pouvons le remercier pour le soleil, l'amitié ou l'amour, mais que devons-nous lui dire pour la peste, la lèpre ou la mort ? Comment et pourquoi Dieu peut-il avoir décidé de créer des maladies, des hommes mauvais et cruels ou des animaux dangereux ? Il faudrait alors dire que si toutes ces choses existent, c'est qu'il est en réalité incapable de créer un monde parfait et sans souffrances – ce qui veut dire qu'il n'est pas tout-puissant –, et qu'en plus il est responsable du mal puisque tout vient de lui. Leibniz refuse évidemment de tirer de telles conclusions. Il veut au contraire défendre Dieu (d'où le nom de son livre le plus important sur le sujet, la *Théodicée*, qui signifie « celui qui défend la cause de Dieu ») et montrer pourquoi des choses que nous jugeons mauvaises font partie du meilleur des mondes possibles.

Selon lui, en effet, Dieu ne décide pas arbitrairement de faire exister une chose. Il est capable, puisque son esprit est infini, de concevoir la valeur d'une chose sous tous les angles dans son esprit. Il peut ainsi parcourir des possibilités infinies en envisageant toutes les combinaisons possibles : un monde où l'air n'existerait pas, un autre où nous serions immortels, et ainsi de suite. A ce stade, tous ces mondes n'ont pas encore d'existence mais appartiennent à l'esprit divin, tout comme nous sommes capables, à plus petite échelle, d'envisager différentes hypothèses grâce à notre imagination. Ensuite, Dieu va choisir le monde auquel il va donner l'existence. Mais ce choix n'est pas arbitraire. La raison en est que Dieu est fondamentalement bon : il va donc préférer entre tous les mondes qu'il conçoit celui qui présente le plus de bien, autrement dit l'univers qui contient la plus grande quantité de bien possible. Il donnera alors l'existence à cet univers, et en l'occurrence ce monde est le nôtre, puisqu'il est le seul qui existe réellement et non à l'état de potentialité. Il faut donc croire que si Dieu a choisi de lui donner l'existence, c'est qu'il n'en concevait de meilleur.

La question qui se pose est alors : pourquoi est-ce le meilleur alors qu'il contient du mal ? Ne pouvait-on, par exemple, penser à un monde sans maladies, qui aurait été supérieur à celui dans lequel nous vivons ? La réponse de Leibniz est que nous, êtres humains, nous nous disons qu'un tel univers serait meilleur, alors que tout ce que nous pourrions essayer de changer entraînerait en fait plus de mal que de bien. En effet, Dieu compare en permanence le rapport entre le bien et le mal, et il choisit celui où, pour un mal donné, le bien qui en résulte est plus grand. C'est-à-dire qu'en essayant d'améliorer notre monde, nous ne ferions que mettre plus de mal à la place du bien. Les microbes et les bactéries peuvent nous être fatals, certes, mais ils sont en même temps des régulateurs de la chaîne des écosystèmes ; en les supprimant, nous ne serions peut-être plus malades, mais les animaux proliféreraient alors dans l'anarchie. Notre corps est sensible à la douleur, mais c'est aussi cette sensibilité qui nous permet d'éprouver du plaisir. Ainsi, à chaque quantité de mal (la maladie ou la douleur) correspond un bien qui lui est supérieur (l'équilibre des vivants et la possibilité d'éprouver des sensations agréables). Leibniz dirait aussi que si nous comparons la quantité de douleurs à la quantité de sensations agréables que nous éprouvons, leur nombre est bien plus important, mais le souvenir de la douleur étant plus fort, nous nous en rappelons plus volontiers que du bien que nous avons pu ressentir.

Le « *meilleur des mondes possibles* » désigne donc, non pas un univers où tout irait pour le mieux (ce que croyait Voltaire, et qui s'est moqué de l'optimisme leibnizien dans son livre Candide), mais un monde où le rapport du bien et du mal est optimum, où l'on ne peut imaginer de changer quoi que ce soit en mieux sans s'apercevoir que l'on apportera, en réalité, plus de mal que de bien.

14. c)

On peut définir la logique comme l'ensemble des raisonnements valides uniquement en fonction de leur forme et non en raison de leur contenu. Par exemple, si tout A est B et que tout B est C alors tout A est C. Ce raisonnement se comprend parfaitement, il est logique, et pourtant il ne possède aucun contenu de sens : A ou B sont des éléments vides que je peux remplacer par n'importe quel autre, ils ne renvoient pas à des objets comme ceux indiqués par des mots (soleil, voiture...).

Au début, pourtant, les premiers énoncés logiques se firent avec des mots. Leur découverte est proprement celle d'Aristote. Il cherchait en fait à comprendre comment les démonstrations qui ne portaient pas sur les nombres pouvaient devenir aussi certaines que celles des mathématiques. Le problème qui se posait en particulier était celui de la prédication. La prédication consiste à attribuer une certaine qualité à un objet : par exemple, si je dis « la pomme rouge », je prédique la qualité « rouge » à la pomme, c'est-à-dire que je lui attribue une qualité qui n'est pas nécessaire (la pomme peut aussi être verte ou jaune). Comment peut-on alors être sûr, lorsque l'on prononce des énoncés successifs, de ne pas perdre en cours de route la vérité ? Comment être certain qu'entre la première proposition et la dernière on aura toujours maintenu le niveau de rigueur scientifique que l'on cherchait ?

La réponse d'Aristote est qu'il n'y a pour cela qu'un seul moyen : il faut que les énoncés respectent des règles de succession d'un certain ordre. Ainsi, tous les enchaînements sont toujours vérifiables, tout ce qui est prédiqué d'un objet peut être démontré. La forme la plus célèbre de cette règle est celle que le philosophe présente sous le nom de syllogisme : « *Socrate est un homme, tous les hommes sont mortels, donc Socrate est mortel* ». Le syllogisme se compose de trois termes (Socrate, homme, mortel) et de trois propositions (majeure, mineure, conclusion). Le cœur du syllogisme est le moyen terme, c'est en fait le mot que l'on trouve dans les deux premières phrases (ici le mot « homme »), puisque c'est lui qui sert à faire le lien entre les deux autres termes. Ainsi, la prédication (l'attribution d'une qualité) n'étant possible que parce que le moyen terme est correctement attribué aux deux autres (« mortel » et « Socrate » sont attribués à « homme »), il est logique d'établir un troisième lien, celui entre « Socrate » et « mortel ».

Aristote, pourtant, ne parle nulle part de logique. Il réfléchit encore sur des mots, des concepts, et pas encore sur la forme pure. Qu'est-ce à dire ? Que, pour lui, le syllogisme se tient parce que les rapports entre les mots qui composent le syllogisme sont corrects, et non parce que, en fait, la forme seule est correcte. Cette conception est celle qui influencera tous les successeurs d'Aristote. Ils retiendront que la logique est l'art d'enchaîner des propositions de manière cohérente, en suivant un ordre rigoureux, tout comme on peut le faire en mathématique par exemple. La logique devient ainsi le terme qui désigne un art de raisonner clairement, où chaque affirmation est démontrée par ce qui a été affirmé précédemment, et où chaque proposition étant certaine, le résultat de la démonstration doit l'être lui aussi.

La scolastique médiévale fera une grande utilisation des syllogismes artistotéliciens, en particulier saint Thomas d'Aquin dans sa *Somme théologique*. Il utilise cette méthode, qu'il considère comme la plus fiable, pour résoudre toutes les difficultés que l'idée de Dieu peut poser à l'esprit humain. Par exemple, il se demande si Dieu peut être considéré comme l'auteur du péché. Il fera alors la réponse suivante : 1) Dieu est bien l'auteur de toute chose. 2) Dieu ne peut vouloir le mal. 3) Donc Dieu n'est pas l'auteur du péché (CQFD...). Toute son œuvre est bâtie sur des raisonnements de ce type, le problème étant qu'il utilise pour cela des affirmations dont la pertinence demanderait parfois à être davantage démontrée. C'est la faiblesse de cette méthode : on peut ne pas être d'accord avec l'une des propositions affirmée, ce qui invalide du même coup tout le raisonnement.

Au XVIIe siècle, les deux penseurs de Port-Royal, l'abbaye janséniste, que sont Arnauld et Nicole (Antoine et Pierre), écriront à leur tour une logique. Celle-ci reprend Aristote une fois de plus, mais elle n'apporte rien de plus que ce que le philosophe grec avait déjà écrit. En réalité, la logique y perd même son ambition scientifique, elle devient une sorte de « bon sens ». Est logique ce qui est conçu clairement et qui s'énonce de la même manière : tout comme dans le style on refuse la moindre obscurité ou ambiguïté, dans le raisonnement tout doit se tenir de façon évidente et indubitable. La logique devient ainsi la manière dont on pense : toute démonstration qui semble simple et incontestable sera appelée « logique » (ce qui demeure d'ailleurs la façon dont la plupart des individus comprennent ce mot de nos jours). On oublie complètement que le projet d'Aristote était de trouver une forme de raisonnement qui soit indubitable à chaque fois qu'on la respecte, permettant aux philosophes de rivaliser avec les savants.

Ce souci de la forme reviendra en force dans la logique mais très tardivement puisqu'il faudra attendre le XIXe siècle, c'est-à-dire près de... 2000 ans après l'apparition de l'Organon où étaient posées les bases de cette nouvelle science. Le renouveau viendra des mathématiciens, et en particulier de ceux qui vont s'intéresser au lien entre la manière dont les phrases du langage ordinaire sont construites et les affirmations mathématiques. En effet, leurs recherches visent à construire un langage inspiré des mathématiques, qui serait utilisable par les scientifiques avec le même degré de certitude que possèdent ceux-ci lorsqu'ils manient les chiffres ou les équations. Les savants se méfient du langage ordinaire, qu'ils trouvent imprécis, et veulent clarifier le sens de mots qui leur semblent douteux ou trop flous. Par exemple, l'expression mathématique « être placé entre » semble évidente, mais que signifie-t-elle réellement ? Etre sur le même plan, sur la même droite, au milieu ou quelque part entre les deux ? Pour cela ils vont reprendre les travaux d'Aristote tout en y apportant les progrès que leur matière a connus. Leur apport le plus décisif sera de montrer que la logique qui unissait les propositions, en réalité, ressemble aux mathématiques modernes : elle est purement formelle et le sens des mots qu'on y met n'a aucune importance. Qu'est-ce à dire ? Tant que l'on considérait la logique en analysant le sens des mots que comportaient les propositions (droite, plan, être placé entre...), on réfléchissait sur le contenu au lieu de réfléchir sur la forme. Or, en logique mathématique, seule la forme compte, puisqu'elle seule est vérifiable selon des critères mathématiques. Dès que l'on commence à réfléchir sur le contenu (les mots), on entre dans le langage ordinaire, et celui-ci est trop vague pour être fiable. La seule chose dont puisse être certain un mathématicien, c'est la forme des enchaînements, puisqu'il n'y rentre rien d'autre que des symboles.

La logique moderne va donc éliminer tout contenu verbal et remplacer les termes utilisés jusqu'alors par des symboles. La logique devient un pur maniement de symboles formels, où le contenu n'a plus aucune importance. La seule exigence qui compte désormais est que ces derniers soient utilisés de manière précise, exactement comme on utilise les autres signes mathématiques. Le but est de pouvoir aboutir à la création d'une méthode d'inférence absolument certaine, où tous les « à peu près » qui existaient dans le langage auraient disparus, permettant de construire des démonstrations rigoureuses. On pense ainsi – et c'est le cas du mathématicien allemand Gottlob Frege – que, grâce à la nouvelle logique qui est train d'apparaître, on pourra démontrer logiquement toutes les mathématiques, qui souffrent de devoir admettre parmi leurs théorèmes certaines formules ou postulats que l'on n'a pu encore démontrer, même si leur utilisation est admise. Grâce à la logique formelle, tous les liens entre les différentes branches des mathématiques seront enfin montrés mais sous une forme scientifique.

Mais la réalisation de cet objectif va se heurter à un problème : on avait alors placé dans la logique des espérances que celle-ci va se révéler incapable de tenir. Le premier obstacle vient des limites de la logique elle-même. On se rend compte que la logique ne peut répondre à certaines questions sans aboutir à des réponses paradoxales. Le savant anglais Bertrand Russel va ainsi montrer que la méthode logique ne peut répondre à cette question : « *L'ensemble de tous les ensembles est-il membre de lui-même ?* ». *A priori*, rien de plus simple. Pourtant, même en respectant la logique, on arrive à ce paradoxe : si c'est oui (il est membre de lui-même), alors il rentre dans un ensemble plus grand que lui (et donc n'est pas l'ensemble de tous les ensembles), si c'est non (il n'est pas membre de lui-même), alors il n'est pas non plus l'ensemble de tous les ensembles. Russel résoudra cette difficulté en énonçant une règle selon laquelle « *la totalité d'une collection ne peut être un élément de cette même collection* ». Mais c'est déjà un premier coup porté au pouvoir de la logique : elle n'est pas une merveille infaillible, elle peut aussi amener à des erreurs ou a des paradoxes (Frege renoncera d'ailleurs à son rêve de reconstruire les mathématiques sur la logique suite au paradoxe de Russel). Le coup le plus sérieux sera porté par le mathématicien d'origine autrichienne Gödel. Lui aussi énoncera un théorème, résumé brièvement ici et qui porte son nom : on doit renoncer à vouloir démontrer tous les éléments d'un langage, fût-il celui de la logique, car il arrive un point où l'on doit utiliser des termes qui n'ont pas été démontrés ; autrement on se condamne à un cercle perpétuel. L'exemple le plus simple est celui du langage ordinaire : si je cherche une définition, et que, dans cette définition, je rencontre un mot que je ne connais pas, je vais le chercher. Dans cette autre définition, vient une autre occurrence que je ne saisis pas et que je vais chercher à son tour. Cela peut aller à l'infini. Il y a donc un moment où il faut utiliser des mots sans les démontrer, parce que si je veux toujours tout expliquer je me condamne à une tâche impossible. Certains termes fondamentaux, même en mathématiques, resteront donc toujours mystérieux, puisque pour les expliquer, je devrai recourir à des termes que je n'ai pas expliqués.

Ce théorème, formulé en langage mathématique, mettait ainsi fin au rêve de faire de la logique un langage parfait et capable d'exprimer l'ensemble des vérités scientifiques. La logique redevenait un instrument incapable d'apporter toutes les réponses que l'on attendait de lui.

Partie II

Mythes et religions

Cette partie se propose de décrire et d'expliquer certains passages religieux dont la connaissance est indispensable à tout étudiant, ne serait-ce qu'en raison de leur importance littéraire, picturale ou proverbiale. Il est en effet tout aussi mal considéré de ne pouvoir expliquer le sens d'une expression comme « les ouvriers de la onzième heure » que de rester coi devant un proverbe tel que « rendre un jugement de Salomon ». Par ailleurs, même si les livres comme l'Ancien ou le Nouveau Testament constituent des sources privilégiées pour aborder notre culture, il ne faut pas se limiter à ces seuls textes pour posséder une vision cohérente du fait religieux à travers le monde. L'Antiquité, par exemple, nous a légué d'innombrables mythes qu'il est bon de pouvoir expliquer ou citer. Vous trouverez ici les usages, tant littéraires que psychanalytiques, qui ont été faits de ces mythes dans la mesure où ils éclairent les significations plus contemporaines de ces légendes.

Pour en savoir plus : *Les mythes : une culture générale pour les examens et concours*, Claudia de Oliveira Gomes, Studyrama, 2001.

Questions

Les figures de la mythologie

1. Narcisse est condamné à :
a) détester les hommes
b) s'aimer lui-même
c) se noyer

2. Prométhée est sur un rocher parce qu'il a :
a) menti à Zeus
b) imité les dieux
c) volé le feu

3. Sisyphe monte un rocher :
a) qui retombe toujours
b) qui l'écrase
c) qui est la Terre

4. Le crime de Cronos est de :
a) tuer sa mère
b) manger ses enfants
c) trahir les dieux

5. Psyché fait fuir Cupidon en :
a) le regardant
b) lui disant qu'elle l'aime
c) voulant lui parler

6. Œdipe est un nom qui eut beaucoup de succès en :
a) psychanalyse
b) psychiatrie
c) psychologie

7. Tantale souffre :
a) de chaud et de froid
b) de faim et de soif
c) de misère

8. Ulysse est un héros parce qu'il est :
a) courageux
b) rusé
c) fidèle

L'Ancien Testament

9. La chute a lieu quand :
a) Jacob tombe de son échelle
b) Adam rencontre Eve
c) Adam et Eve sont chassés du paradis

10. Caïn est haï par Dieu parce qu'il a :
a) tué son frère
b) abandonné ses parents
c) menti à Dieu

11. Lors d'un jugement, Salomon rend à une femme :
a) sa ferme
b) son enfant
c) sa dignité

12. Dieu punit ceux qui construisent la tour de Babel parce qu'elle est :
a) un lieu de débauche
b) un projet grandiose
c) une menace pour lui

13. Le veau d'or est :
a) un animal mythique
b) un bijou appartenant à Moïse
c) une idole

Le Nouveau Testament

14. Le chemin de Damas est une expression qui désigne :
a) une conversion radicale
b) un itinéraire périlleux
c) le chemin le plus court

15. Le samaritain est bon parce qu'il :
a) suit les ordres du seigneur
b) respecte le Shabbat
c) aide un malheureux sur la route

16. « Rendre à César ce qui est à César ». Il faut lui rendre :
a) son respect
b) son argent
c) sa gloire

17. Les ouvriers de la onzième heure sont :
a) payés comme les premiers
b) mauvais travailleurs
c) en retard

18. Le père du fils prodigue attend de lui :
a) son retour
b) son obéissance
c) son argent

19. La femme adultère n'est pas lynchée parce que :
a) elle n'a rien fait
b) elle est croyante
c) chacun est coupable

20. « S'en laver les mains ». Ponce Pilate se lave les mains :
a) du sang du Christ
b) parce qu'il est sale
c) parce qu'il va prier

21. La Pentecôte est-elle :
a) une fête
b) un moment de grâce
c) un culte

Bouddhisme et hindouisme

22. Le bouddhisme est-il :
a) une religion sans chef
b) une religion avec un « pape », le dalaï-lama
c) différent selon la forme du culte

23. L'hindouisme est-il :
a) une autre forme du bouddhisme
b) la religion des Indiens avant la venue des colons en Amérique
c) la religion majoritaire en Inde

Réponses

1. b)

Narcisse était un jeune homme qui se moquait de l'amour et de celles qui succombaient à son charme. Or l'une d'elles adressa un jour une prière aux dieux, en leur demandant qu'ils le punissent : lui qui n'aimait personne d'autre que lui même devait tomber amoureux de sa propre image. La prière fut exaucée, et Narcisse, en se penchant sur l'eau, se mit à s'aimer follement. Ne pouvant saisir son reflet ni s'en éloigner, il décida de se tuer pour mettre fin à son supplice et se noya (aujourd'hui, le narcisse est une fleur jaune qui se trouve facilement dans le commerce, sans que la filiation avec la Grèce antique soit pour autant clairement prouvée).

Ce mythe désigne donc au premier niveau l'activité d'une personne qui s'observe et s'admire. On parle donc de « narcissisme » lorsqu'un individu est principalement occupé à l'examen de sa propre personne : un individu qui vérifie son image plusieurs fois par minute pourra à juste titre être qualifié de narcissique, surtout si c'est pour se féliciter à chaque fois. Il faut pourtant distinguer le narcissisme de l'égoïsme ou de l'égocentrisme, même si plusieurs de ces défauts peuvent être présents simultanément. L'égoïsme désigne l'attitude qui consiste à ne penser qu'à ses propres intérêts avant de considérer ceux d'autrui, voire même souvent à ignorer tout ce qui n'est pas directement lié à ses propres préoccupations. L'égocentrisme désigne, lui, le fait d'ordonner le monde uniquement en fonction de soi, de se considérer comme le centre de l'univers et de ne regarder chaque chose que dans le rapport qu'elle entretient avec sa propre personne. Il est évident qu'un égoïste pourra être narcissique, mais cela n'est pas pour autant évident : on peut ne penser qu'à soi-même sans s'admirer pour autant. En psychanalyse, l'attitude narcissique désigne un phénomène bien précis qui est le rapport qu'une personne entretient avec elle-même sous l'angle de la satisfaction. C'est donc un comportement inhérent à la nature de l'homme, et, qui plus est, particulièrement important En effet, en psychanalyse, le narcissisme est indispensable au bon déroulement de la vie psychique : un individu équilibré doit être fier de lui-même afin de pouvoir s'épanouir. Lorsque ce n'est pas le cas, des névroses peuvent apparaître, en particulier des comportements suicidaires liés à une image négative que la personne possède d'elle. Bien évidemment, dans l'autre sens, un excès de confiance en soi peut aussi générer des pathologies : sentiments d'invulnérabilité, délire sur ses propres capacités – volonté de puissance démesurée –. Le narcissisme est donc une constante, présente chez tous les hommes, et qui est indispensable au bien-être tant que ce n'est pas pour se complaire dans une image exaltée de soi.

2. c)

Prométhée est l'une des figures mythologiques les plus intéressantes de la Grèce antique. A l'origine, Prométhée est un titan, ou plutôt le fils d'un titan, Japet, mais n'est pas non plus un olympien : il a une nature titanesque, comme son frère Atlas qui sera lui aussi puni par Zeus. Or les hommes, s'ils sont bénis par les dieux, souffrent d'un sérieux handicap : ils ignorent l'usage du feu que les dieux conservent jalousement, en interdisant à quiconque de le transmettre aux humains. Prométhée, voyant le désarroi des hommes, décide de s'emparer d'un tison qu'il emporte hors de l'Olympe en le dissimulant sous ses vêtements, et dont il va faire cadeau aux hommes. Zeus s'aperçoit que Prométhée l'a trahi : il décide de le punir en l'attachant sur une montagne, où un vautour vient lui dévorer le foie, et cela pour l'éternité (le foie est en effet le seul organe humain qui est capable de se régénérer, ce que les Grecs de l'époque avaient peut-être déjà remarqué).

Le sens de ce mythe est à rapprocher de la Genèse chrétienne : ici aussi, les dieux possèdent un savoir qu'ils ne désirent pas partager, comme si le fait de maintenir les hommes dans un état d'ignorance était préférable. Le savoir est donc présenté comme dangereux, et là encore c'est un interdit qui se dresse entre la connaissance (le feu) et les hommes. Dans les deux cas cet interdit est franchi, et cela se termine par un châtiment exemplaire : Adam et Eve sont chassés du paradis terrestre, Prométhée va rester pour l'éternité enchaîné à un rocher. Ces deux épisodes ont lieu tous les deux au début de l'humanité, comme si la naissance de l'histoire humaine devait nécessairement reposer sur une faute. Enfin, le statut de celui qui apporte la connaissance est essentiellement le même. Dans la Genèse, c'est le serpent qui va tromper Eve et qui sera la cause de la chute. Celui qui apporte le savoir est diabolique, il est puni par Dieu : il est la cause de la chute. Le mal arrive donc par celui qui dissipe l'ignorance. Il en va de même pour Prométhée : il est banni des dieux et subit la pire des tortures alors que son crime n'est que d'avoir voulu aider l'humanité. Il incarne lui aussi la figure qui apporte le savoir, mais au lieu d'en être récompensé, il est puni comme si les secrets de la nature devaient rester exclusivement l'apanage des dieux : à eux la connaissance, aux hommes l'innocence des ignorants. C'est sous cet aspect que l'on comprend le rapport profond qui unit Prométhée à la figure du Satan chrétien. Celui que l'on appelle Lucifer tire en effet son nom directement de *« lux fero »*, en latin *« celui qui porte la lumière »*, c'est-à-dire Prométhée.

3. a)

Le nom de ce personnage évoque l'un de ces châtiments absurdes dont l'Antiquité avait le secret. Sisyphe est un héros qui a pour habitude de se rendre dans l'Olympe, où il écoute les conversations et répéte parfois des propos qu'il devrait garder pour lui. Zeus, ayant appris l'une de ses indiscrétions, décide de punir celui qui a trahi sa confiance. Sa punition est la suivante : dans un lieu souterrain, Sisyphe est placé en bas d'une colline, avec pour mission de faire rouler jusqu'au sommet une énorme pierre ronde. Le problème est que, sitôt qu'il atteint le terme de sa tâche, la pierre retombe immanquablement en bas du monticule, et qu'il doit de nouveau la faire rouler jusqu'en haut, ainsi de suite à l'infini.

C'est surtout l'usage qui en a été fait par le romancier et philosophe Albert Camus (1913-1960) dans son livre *Le mythe de Sisyphe* qui a popularisé ce mythe, puisqu'à travers lui son auteur a expliqué sa conception de l'existence. Selon Camus, en effet, Sisyphe résume la condition de l'homme sur terre : en permanence, nous sommes contraints de charrier des fardeaux – gagner notre vie, être bien entourés. Mais ce n'est pas parce qu'une chose est accomplie qu'elle est acquise : après avoir trouvé un travail, il me faudra faire des efforts pour le conserver, je devrai également prendre soin des amis que j'ai rencontrés si je ne veux pas les perdre. Ainsi la vie de l'homme est un perpétuel recommencement : il n'y a pas de repos ni de moment où nous pourrions poser notre rocher. Nous devons constamment nous occuper des mêmes choses pour les faire avancer. On peut se dire qu'une telle philosophie comporte une dose de désespoir, alors qu'au contraire Camus évoque ce mythe pour prémunir les hommes d'un tel sentiment. Pour lui, c'est parce que certaines personnes n'ont pas compris que l'essence de la vie était de devoir toujours remonter son rocher jusqu'en haut qu'apparaît le désespoir. Celui qui refuse l'idée que rien ne soit stable en ce monde, et qu'il faille toujours tout recommencer, finit par éprouver du découragement : à ce moment apparaît le désespoir. En revanche, celui qui accepte que sa vie soit comme celle de Sisyphe – un perpétuel recommencement – se libère du sentiment de révolte. Il comprend alors que ce mythe décrit la nature profonde de l'existence, que rien de ce qu'il pourrait faire n'y changera quoi que ce soit : il peut désormais aller de l'avant sans se lamenter sur son sort. La vision de Camus est assez dure, mais elle est en accord avec le sentiment que l'auteur avait sur la vie : l'existence est absurde, autant que le châtiment infligé à Sisyphe. C'est alors celui qui est capable de comprendre cette absurdité et de la reconnaître comme la caractéristique même de la vie qui pourra enfin progresser. L'absurde est la condition de l'homme, le comprendre est l'étape indispensable pour celui qui veut vivre sans désespérer.

4. b)

Cet épisode prend sa place parmi les premiers de la mythologie grecque, à l'époque où l'homme n'a pas encore fait son apparition. Cronos est alors le plus important de tous les dieux : fils d'Ouranos, il dirige les autres divinités et règne sans partage sur le ciel et la terre. Cependant, un jour, il reçoit un avertissement de sa mère, Gaïa : il lui viendra un fils de sa femme – Rhéa –, et celui-ci tuera son père pour prendre sa place et régner. Cronos prend peur devant la prophétie, et décide de tuer lui-même tous les héritiers qui apparaîtront. Il laisse donc son épouse enfanter, mais tue tous ses enfants qu'il dévore pour être certain de leur disparition. Or, un jour, lassée par les crimes de son époux, sa femme réussit à tromper sa vigilance et met au monde clandestinement un fils, qu'elle confie aux Naïades. A la place, elle donne à son époux une pierre, que celui-ci mangera en croyant qu'il s'agit de son enfant. Caché dans une grotte pour échapper à l'appétit de son père, le garçon grandit – il s'appelle Zeus –, gagne en force et en courage. Aidé par les Cyclopes, il finit par vaincre Cronos afin de prendre la place qui lui revient.

La ressemblance entre le nom du dieu anthropophage et les instruments de mesure temporelle (chronomètre par exemple) n'a rien de fortuit : Cronos est en effet le dieu du temps qui s'écoule en permanence. Dans un premier temps, Cronos donne naissance ; il est celui qui permet à ses enfants de naître, puisque c'est de sa semence qu'ils proviennent. Cronos donne donc la vie, tout comme le temps est pour nous la condition impérative de toute existence. A peine un être est-il conçu, c'est par le temps qu'on le définit : il a trois semaines, six mois, créature tout entière déterminée par son appartenance à la durée. Mais en même temps, Cronos est celui qui détruit l'existence de ses enfants, il met un terme à la vie qu'il leur a promis. De la même façon, le temps nous permet de vivre, tout en étant ce qui nous conduit inéluctablement vers notre fin : lui appartenir, c'est avoir reçu simultanément l'occasion de vivre et la certitude de devoir mourir. Le temps est donc comme Cronos, géniteur et exterminateur, dévorant ses propres enfants alors que c'est pourtant lui qui leur offre la chance d'exister.

5. a)

Cet épisode décrit une rencontre amoureuse célèbre, celle du dieu de l'amour et de la plus belle des mortelles. Psyché était la fille d'un roi et une femme si belle qu'elle séduisait tous ceux qui la rencontraient. Vénus, la déesse de l'amour, jalouse de voir ses admirateurs la délaisser, demanda de l'aide à son fils, Cupidon, contre les flèches duquel il n'existe aucune protection. Elle lui ordonna d'user de son pouvoir pour que Psyché s'éprenne follement d'une créature misérable et repoussante. Cupidon, venu accomplir sa mission, aperçoit Psyché et tombe amoureux d'elle. Sans se montrer, il parvient à la séduire tout en lui faisant promettre une chose : lorsqu'il viendra lui rendre visite, jamais elle ne devra chercher à le voir sous peine de le perdre. Psyché accepte et promet de ne jamais essayer. Cependant, au bout d'un certain, temps, l'envie de découvrir l'identité de son visiteur revient la tourmenter. Un soir, la tentation se fait si forte qu'elle décide d'enfreindre son serment. Elle attend que le sommeil se soit emparé de son visiteur et prend une bougie pour regarder celui qui dort à ses côtés. Elle se penche en silence, mais une goutte de cire fondue vient à tomber sur le dieu de l'amour. Celui-ci se réveille et comprend que Psyché n'a pas respecté sa promesse. Il lui annonce alors qu'il lui faut agir comme il lui avait dit et, malgré les larmes de Psyché, il part en lui annonçant qu'il ne reviendra plus jamais la voir.

Cette allégorie peut être interprétée comme une métaphore de la relation amoureuse : en effet, l'amour doit, pour survivre, accepter une certaine ignorance sur l'être aimé. Il lui faut renoncer à vouloir tout comprendre ou tout connaître de l'autre. Ainsi, le mystère est la condition nécessaire de la relation amoureuse, un respect de l'autre qu'il faut renoncer à vouloir posséder entièrement. Outrepasser cette limite, c'est ne pas accepter la différence de l'autre. C'est en réalité par la confiance que nous lui accordons que nous pouvons réellement le connaître : en brisant cette confiance, Psyché perd l'amour, qui s'enfuit à jamais.

Ce récit sera repris par le poète Paul Claudel (1868-1955) dans son ouvrage *Réflexions sur la poésie*. Sous la forme d'une allégorie entre Animus (l'esprit) et Anima (l'âme), l'auteur reprend le thème du mythe grec. Claudel décrit ainsi un ménage où Animus, sorte de tyran domestique, prend à Anima ses plus belles trouvailles, ses plus belles inventions, qu'il va ensuite présenter à ses amis au café, en se les appropriant. Un jour, alors qu'il revient à la maison, il entend chanter Anima. Il entre, mais aussitôt celle-ci se tait. Il essaie de la convaincre de chanter à nouveau, mais elle prétend qu'elle ne se rappelle pas comment elle faisait et se révèle incapable de recommencer. La conclusion du poète est alors que, tout comme le véritable amour n'existe que dans la confiance et disparaît sitôt qu'on cherche à en éliminer tout mystère, le chant de l'âme ne peut s'élever que lorsque l'esprit cesse de la regarder agir. Le créateur qui veut être trop conscient des ressorts de son art rationalise, calcule, prévoit, mais perd de la sorte l'indispensable ignorance qui est la condition de la grâce.

6. a)

Œdipe n'est pas à proprement parler un personnage mythologique, même si son existence relève effectivement de l'ordre littéraire. Le personnage fait partie d'une tragédie de Sophocle, *Œdipe roi*, qui fait suite à *Œdipe à Colonne*. Œdipe est un roi, à la tête d'une cité. Un jour, un de ses conseillers, lui révèle la prophétie faite à son sujet. Œdipe devait un jour tuer son père et épouser sa mère. Celui-ci cherche dans ses souvenirs, mais il ne voit rien de tel. Pourtant, troublé, il décide d'enquêter afin de s'assurer que la prophétie est fausse. Il se rappelle alors avoir un jour tué un homme qui lui barrait la route à un croisement. Un berger qui se trouvait là est convoqué par Œdipe. Lorsqu'on l'interroge, il déclare qu'il vaut mieux qu'il ne révèle pas ce qu'il sait. Œdipe insiste, et le berger lui annonce alors que l'homme était bien son père. En réalité, les parents d'Œdipe, informés de la prophétie, avaient payé le berger pour qu'il le tue. Pris de remords, il avait préféré le donner à une famille. Œdipe demande alors qui était cet homme : il s'agissait du roi dont il a épousé la femme. Il va alors voir son épouse Jocaste, et celle-ci, lui révèle que c'est bien son ancien époux qui a été tué à un carrefour, c'est-à-dire le père d'Œdipe, qui comprend alors que sa femme n'est autre que sa mère. Frappé par ces révélations, Œdipe décide de ne plus jamais voir la lumière qui a vu ses crimes, et se crève les yeux. L'enquête qu'il a menée depuis le début est ainsi une enquête contre lui-même, dont l'élucidation lui fait découvrir que la prophétie faite a sa naissance s'est accomplie : il est bien le meurtrier de son père et a épousé sa mère.

Outre la condamnation de l'inceste qu'elle recèle, cette tragédie a connu un immense succès suite aux travaux de Freud. Le psychanalyste s'est servi de l'œuvre de Sophocle pour illustrer certaines de ses théories sur les étapes grâce auxquelles s'élabore la sexualité de l'adulte chez l'enfant. Sous le nom de « complexe d'Œdipe », le créateur de la psychanalyse rend compte d'une attirance qui serait présente chez tous les enfants : le désir de tuer le père pour pouvoir coucher avec sa mère. Tuer son père, pour le petit garçon, cela signifie ne plus être sous la tutelle d'une autorité extérieure. C'est avoir enfin réussi à se prendre en charge en tant qu'adulte : ainsi, il est nécessaire de tuer son père - symboliquement - pour acquérir l'autonomie indispensable à l'épanouissement de l'adulte. Les adultes qui ne franchissent pas cette étape n'ont pas dépassé le stade de l'enfance, par confort, par crainte ou par névrose. Le fait de vouloir coucher avec sa mère décrit, d'après Freud, le schéma classique de l'attirance sexuelle : la figure du parent de sexe opposé est le premier modèle dont s'inspire l'enfant. Il est donc important de comprendre que, pour la psychanalyse, ce complexe est une constante de l'humanité et qu'elle décrit un cheminement indispensable à l'apparition de l'adulte. Loin d'être des tares ou des monstruosités, ces attirances sont des étapes dont l'économie ne peut entraîner chez le sujet qu'une dépendance anormale à l'autorité parentale.

7. b)

Pour avoir été trop gourmand durant son existence, Tantale va en effet recevoir une punition dont son appétit sera le principal instrument. Tantale était l'ami de Zeus, qui l'admettait aux banquets de l'Olympe et partageait avec lui le nectar et l'ambroisie. Un jour, Tantale vola la nourriture des dieux pour la partager avec ses amis mortels. Il fut alors sévèrement puni. Il est suspendu à un arbre fruitier au-dessus d'un lac, torturé par la faim et la soif. L'eau passe juste en dessous de ses lèvres, mais elle se retire si jamais il cherche à se pencher pour en boire : il sent donc la présence du liquide sans pouvoir se désaltérer. Par ailleurs, au-dessus de lui se trouve une branche pleine de fruits, mais sitôt qu'il veut élever la bouche, la branche se relève, ne lui permettant jamais de pouvoir mordre dans les fruits qui sont devant lui. Le supplice de Tantale est donc l'exaspération des désirs les plus forts – la faim et la soif –, avec l'impossibilité pour celui qui les subit de pouvoir les contenter. Les objets qui pourraient y mettre un terme ne se trouvent qu'à quelques centimètres de celui qui les désire, mais sans qu'il lui soit jamais possible de les atteindre.

8. b)

Ulysse est le roi d'Ithaque, chassé par les dieux sur les océans, qui mettront en travers de sa route d'innombrables épreuves, avant qu'il puisse enfin retourner chez lui, reprenant son trône aux prétendants qui courtisent sa femme Pénélope. Le héros grec, dont Ulysse est l'incarnation, est surtout admirable pour ses ruses. En effet, loin d'être un signe de faiblesse ou de lâcheté, la ruse est un signe d'intelligence que les Grecs célèbrent. Le courage n'est pas une valeur s'il n'est accompagné de ruse, et souvent c'est par ses trouvailles ingénieuses qu'Ulysse triomphe là où des hommes plus courageux succomberont. On peut ainsi penser à l'épisode des sirènes, dont le chant charme les oreilles des marins qui se jettent à la mer pour les rejoindre et finissent toujours noyés. Ulysse désire entendre ce chant, mais sa prudence le conduit à demander un service à ces compagnons : il leur demande de l'attacher au mât de son navire avec de lourdes chaînes. Ses marins lui obéissent, tandis que pour leur part ils se bouchent les oreilles avec des tissus. Ulysse, trompant ainsi la logique des dieux, pourra donc être le seul homme à avoir entendu le chant des sirènes grâce à son stratagème. La ruse est donc le moyen de contourner la fatalité, mais en même temps d'accomplir ce que personne d'autre n'aurait pu faire. C'est par l'ingéniosité qu'Ulysse peut, non pas s'égaler aux dieux – ce qui est impossible dans la mythologie, puisque c'est un excès qui ne reste jamais impuni –, mais finir par gagner leur sympathie. Sans la ruse le héros grec ne peut pas triompher du destin, tandis qu'avec elle il est enfin libre de gagner le droit d'écrire sa propre histoire, l'intelligence étant par excellence l'instrument de la liberté.

9. c)

Cet épisode de la Bible (Genèse, chap. 3, 1 ; 23) se trouve dans le premier livre de l'Ancien Testament, la Genèse (mot grec qui signifie création). Dans ce livre, Adam et Eve sont encore au paradis : ils ne connaissent pas le péché ni la mort. Dieu leur a toutefois demandé de respecter un commandement sans aucune exception : ne jamais goûter aux fruits d'un arbre, celui du bien et du mal, car sinon *« ils mourront certainement »* (la représentation traditionnelle sous la forme d'un pommier est tirée des tableaux du Moyen Age, mais il n'est écrit nulle part qu'il s'agissait d'un tel arbre). Le serpent, incarnation du mal – et donc plus tard de Satan, du diable –, vient alors tenter Eve en lui disant que si Dieu leur a interdit de goûter ces fruits, c'est parce qu'il redoute qu'ils ne deviennent aussi savants que lui.

« Aussitôt que vous aurez mangé ces fruits vos yeux seront ouverts, et vous serez comme des dieux en connaissant le bien et le mal », insiste le serpent. Eve goûte le fruit, le donne à Adam, et tous deux s'aperçoivent alors de leur nudité. Dieu, les apercevant cachés derrière des branches, leur demande pourquoi ils se dissimulent : Adam lui répond qu'ils sont nus, sur quoi Dieu comprend qu'ils ont mangé du fruit de l'arbre. Il les chasse du paradis : Eve est condamnée à enfanter dans la douleur, tandis qu'Adam devra gagner son pain à la sueur de son front. La chute marque les débuts de l'histoire humaine.

Cet épisode, que les lettrés ont médité pendant des siècles, a eu un retentissement aux conséquences innombrables sur notre culture. Tout d'abord, il donne son nom à la protubérance que les hommes portent devant le cou : la pomme d'Adam a eu tellement de mal à passer qu'elle nous est restée dans la gorge... Ensuite, c'est une certaine image de la femme qui découle de ce récit : c'est à la femme que le serpent a choisi d'adresser la parole. Certains théologiens en déduiront que c'est parce que les femmes sont plus sensibles à la tentation, ce qui en fait les alliées du démon (à ce sujet, on peut lire *La Sorcière*, de l'historien français Jules Michelet). Ensuite, c'est Eve qui goûte le fruit en premier : la disparition du paradis est donc la conséquence d'une faute dont la responsabilité doit être recherchée du côté féminin. Mais au-delà de ces considérations, c'est surtout au niveau symbolique que ce passage est le plus riche. On peut remarquer tout d'abord que la science n'est pas un bien pour l'homme dans la perspective religieuse. Dieu décourage Adam et Eve de vouloir en connaître plus qu'il ne leur en faut ; le savoir n'est pas une source de liberté, mais au contraire un danger pour l'être humain. Pourquoi ? Parce que l'homme, dès lors qu'il possède le savoir, veut devenir l'égal de Dieu. Il est atteint par ce que les Grecs nomment l'*hubris*, la démesure de l'homme qui veut dépasser sa condition mortelle. C'est parce qu'ils veulent connaître que Adam et Eve sont chassés du paradis : l'ignorance est la condition de l'innocence, comme le fait remarquer le philosophe français Vladimir Jankélévitch (*Les Vertus et l'Amour*). Tant qu'ils ne savent pas, leur nudité leur semble aller de soi. La connaissance va faire disparaître cette naïveté, tout comme l'enfant apprend en vieillissant la valeur de ses gestes. Le savoir est donc diabolique puisqu'il pervertit l'innocence.

Enfin, pour les chrétiens, ce que l'on appelle « péché originel » – puisqu'il s'agit du premier qui ait eu lieu – n'a pas eu des conséquences uniquement pour Adam et Eve. Selon la doctrine chrétienne, l'ensemble du genre humain est toujours marqué par cette faute, puisque nous sommes nous aussi condamnés à travailler et à souffrir. C'est à cause de ce péché que l'homme est un être imparfait et qu'il doit vivre avec la douleur : sans le fruit de l'arbre, nous serions encore au paradis. Mais, après la chute, nous sommes tous condamnés, comme l'ont été nos premiers pères, à porter notre fardeau. Le début de l'histoire : une chute qui est le signe définitif de notre condition.

10. a)

Abel et Caïn (Genèse, chap. 4, 4 ;15) sont les deux premiers enfants d'Adam et Eve. C'est avec eux que survient le premier crime de l'histoire. Tous deux cultivent la terre et élèvent des animaux. Or, lorsque Caïn fait à Dieu une offrande de fruits, celui-ci ne remarque pas son geste, alors qu'il prend Abel en affection, ce dernier lui ayant sacrifié les premiers nés de son troupeau. Jaloux, Caïn attire son frère dans un endroit désert et le tue, devenant le premier criminel de l'histoire de l'humanité ainsi que le premier fratricide. Dieu, ne voyant plus Abel, demande à Caïn où il se trouve. Il lui répond qu'il l'ignore et demande alors à Dieu : *« Suis-je le gardien de mon frère ? »*. Dieu maudit Caïn et le condamne à l'errance.

Ce récit est à comprendre à plusieurs niveaux. Tout d'abord, le meurtre surgit entre deux frères, ce qui veut dire que celui qui brutalise un homme brutalise son frère. En effet, dans la généalogie de l'Ancien Testament, toute l'humanité procède des deux mêmes parents, ce qui fait de celle-ci une famille dont chaque individu est un membre. Le crime est donc odieux à double titre : d'abord parce qu'il a lieu contre un autre homme – un autre moi-même –, ensuite parce que cet autre n'est jamais un étranger mais quelqu'un avec qui je partage la même origine. Ainsi, la question de Caïn, *« Suis-je le gardien de mon frère ? »*, est l'interrogation fondamentale sur ce que doit être notre rapport à autrui dans une relation de fraternité. Comme l'explique le philosophe Emmanuel Levinas, poser cette question à Dieu, c'est en fait demander si respecter l'indépendance d'autrui revient à le laisser vivre son existence tel qu'il le désire sans s'en préoccuper. La réponse est bien évidemment négative : au contraire, je suis bien le gardien de mon frère, la liberté ne voulant jamais signifier la disparition de la responsabilité. Si jamais la liberté d'autrui devenait le prétexte pour l'indifférence, c'est qu'au lieu de respecter cette liberté je cherche en réalité à protéger mon confort de façon égoïste. En revanche, être le gardien de son frère signifie se sentir responsable de lui à chaque fois que la situation l'exige, c'est-à-dire à chaque fois qu'à travers l'autre c'est l'humanité elle-même qui est en danger. Si je laisse souffrir quelqu'un sans intervenir, c'est la conception même de l'homme que je porte en moi qui est remise en cause, et, ainsi, être le gardien de son frère ne veut rien dire d'autre qu'être responsable de sa propre humanité.

11. b)

Cette expression désigne une justice particulièrement respectueuse de la vérité, qui ne s'arrête pas aux apparences, mais qui cherche les véritables responsabilités de chacun.

Salomon (Rois, chap. 3, 16 ; 28) est un des rois qui furent en charge du royaume d'Israël, et il est chargé à ce titre de rendre la justice, tout comme Saint Louis est supposé l'avoir fait au Moyen Age. C'est au cours d'une querelle entre deux femmes qu'il révèle son sens de la justice et de l'équité. Les deux protagonistes – deux femmes de mauvaise vie – s'opposent en effet au sujet d'un enfant que chacune déclare être le sien. La première affirme qu'après avoir accouchée, sa voisine, qui avait accouché trois jours avant et qui avait perdu son enfant, est venue lui dérober le sien ; la seconde affirme que c'est le contraire, sans qu'il soit possible de dire laquelle des deux ment et laquelle est la véritable mère. Salomon déclare alors que puisqu'il est incapable de trancher, il préfère couper l'enfant en deux. Devant cette proposition, la première refuse et déclare qu'elle préfère qu'on donne l'enfant vivant à l'autre femme, tandis que l'autre insiste pour qu'on sépare le nourrisson en deux. Bien évidemment, Salomon comprend aussitôt que la première est la vraie mère de l'enfant, puisqu'elle préfère perdre son enfant en le sachant en vie que de le sacrifier. La menteuse est démasquée et exécutée, tandis que la véritable mère récupère son fils.

Cet épisode décrit en fait ce que doit être une véritable justice. Le juge ne prend parti à aucun moment entre les deux protagonistes : il agit dans une totale impartialité et, même si son opinion est déjà faite, il se garde bien de la manifester. Ensuite, il fait preuve de finesse et ne s'arrête pas aux discours. C'est en observant les réactions de chacune que Salomon va trancher ; il dépasse le domaine visible du discours pour faire jaillir la vérité. Le véritable esprit de justice doit donc dépasser la surface pour découvrir ce qui se cache au-delà. Enfin, c'est la décision de couper l'enfant en deux qui est la plus significative : cette hypothèse, bien que séduisante arithmétiquement (deux parties égales, quoi de plus juste et de plus équilibré ?), constitue au contraire une fausse solution, une forme d'injustice par excellence : outre qu'elle ne résoudrait pas le conflit originel, elle ferait périr un innocent. La véritable justice, telle que la montre Salomon, consiste à donner à chacun ce qui lui revient (justice commutative) et non à vouloir tout diviser en suivant le principe qui veut que chaque personne mérite la même part que l'autre (justice distributive). Etre juste, c'est donc savoir rendre à chacun selon son mérite, alors que vouloir ménager les intérêts de chacun ne conduit qu'à la plus monstrueuse des injustices : priver les individus de leurs droits.

12. c)

Pourquoi le fait de se trouver dans un lieu polyglotte fait-il dire à certains qu'il s'agit d'une véritable « tour de Babel » ? Dans la Bible, cet épisode se situe au moment où les hommes ne forment encore qu'un seul peuple, et partagent tous le même langage (Genèse, chap. 11, 1 ; 8). Or voici qu'un jour, unissant leurs efforts, ils décident de construire une tour qui s'élèvera jusqu'au ciel, pour *« rendre leur nom célèbre »*. La construction est vite entamée, et Dieu, descendu sur terre, prend ombrage de leur projet. Constatant que les hommes unis peuvent tout, il leur attribue des langues différentes, les condamnant à rester perpétuellement dispersés sur la surface de la terre, afin que plus aucune tentative de ce genre ne puisse jamais avoir lieu.

Cette allégorie possède plusieurs significations : au premier sens, il s'agit bien évidemment de l'éternelle rivalité entre Dieu et les hommes, le créateur ne devant jamais être égalé par ses créatures. Dieu se situe dans l'ordre surnaturel, et lui seul peut construire jusqu'au ciel ; vouloir se comparer à la divinité entraîne systématiquement la destruction et la souffrance, tout comme dans la mythologie grecque (voir les paragraphes sur Prométhée et Œdipe). Mais c'est surtout l'épisode biblique où la multiplicité des langues est évoquée pour la première fois, et les implications du récit sont nombreuses. Tout d'abord, les langues ne sont pas une bénédiction mais au contraire un châtiment. Dieu, en offrant aux hommes des langues différentes, les punit de leur audace. Par ailleurs, comme l'explique Jean-Jacques Rousseau dans son *Essai sur l'origine des langues*, la diversité du langage entraîne la division entre les hommes et les prive de l'entente qui pourrait leur permettre d'échafauder les projets les plus grandioses. La langue est donc un facteur de séparation, mais aussi d'incompréhension et donc de rivalité. Le langage n'est pas la source de l'entente mais celle du conflit. A partir du moment où les hommes possèdent plusieurs langues, c'est à la naissance de plusieurs types d'humanités différentes que l'on assiste : ce que semble sous-entendre le récit, c'est que la langue est le lieu où se forge et se maintient le particularisme, qui fait que chaque culture se trouve ensuite meilleure que les autres. Le langage serait donc le premier acte par lequel une partie des hommes s'isole des autres, et tout le reste (culture, histoire, nation) ne peut apparaître qu'après que le langage a préalablement séparé les hommes (les Grecs appelaient ainsi des « barbares » tous ceux qui ne parlaient pas leur langue). Le langage serait donc la première étape par laquelle se constitue une identité distincte de celle des autres peuples, et reste l'obstacle majeur à l'union de l'ensemble des humains.

13. c)

Le veau d'or apparaît au moment où, venant de fuir l'Egypte où ils étaient persécutés, les Juifs conduits par Moïse se dirigent vers la Terre promise (Exode, chap. 22, 1 ; 34). Le voyage est particulièrement long, et les tribus, fatiguées de cette errance nomade où la nourriture et l'eau sont rares, commencent à désespérer de leur Dieu. Le veau d'or apparaît dans ce contexte tendu : Moïse a dû partir, appelé par Dieu, et il laisse les tribus d'Israël en leur demandant de suivre ses préceptes durant son absence. A son retour, il apprend que certains, désobéissant à cette règle, ont préféré fondre une statue en or durant son absence - le veau d'or -, auquel ils rendent désormais un culte. Il s'agit d'une idole : un totem que l'on vénère comme un dieu. Ses adorateurs se font sermonner brutalement, leur ouvrage est détruit, et les pires représailles sont à craindre pour ceux qui auront d'autres dieux que l'Eternel.

C'est bien évidemment d'une métaphore sur le pouvoir de l'or dont il est question, et sur le rôle que celui-ci doit jouer dans la vie des hommes. L'or remplace ici ce qui vient de Dieu : il est adoré comme si de lui pouvait dépendre le salut. Ce qui est dénoncé, ce sont les individus qui accordent à l'argent une place excessive, et qui finissent par s'en préoccuper avec autant d'attention et de ferveur qu'ils le feraient avec leur propre vie. Ceux qui idolâtrent le veau d'or placent l'argent au-dessus de leur vie spirituelle, ils mettent le visible au dessus de l'invisible, la matière au-dessus de l'esprit. L'or - ou la monnaie - est donc un moyen, mais ne doit jamais constituer une fin en soi : en choisissant cette idole, on choisit de s'intéresser au prix des choses plutôt qu'à leur valeur.

14. a)

Le chemin de Damas (Actes, chap. 9, 1 ; 19) est une allusion à la conversion d'un des apôtres, Saint Paul, et aux circonstances dans lesquelles elle a eu lieu. Saint Paul était à l'origine un percepteur, ce qui laisse penser qu'il travaillait pour l'administration romaine, la Galilée étant une province conquise. Peu sensible au problème de la foi, il était l'un des plus actifs parmi tous ceux qui persécutaient les chrétiens. C'est de façon très particulière qu'eut lieu sa conversion au christianisme : un jour qu'il allait à Damas afin d'y récolter l'impôt, un éclair apparut dans le ciel et le fit tomber de l'âne sur lequel il cheminait. Une voix lui parla alors – il s'agissait d'un ange –, pour lui enjoindre d'abandonner le métier qui était le sien, et de suivre désormais la route du Christ. Saisi par cette apparition, Paul renonça à exercer plus longtemps son ministère financier et se mit à suivre la foule des croyants pour devenir celui que l'Eglise considère comme l'un des apôtres les plus proches du Christ. Le sens de cette locution désigne donc un itinéraire – spirituel ou intellectuel – qu'un individu peut suivre dans son existence, et au cours duquel il va rencontrer une révélation. Ainsi, si des études de philosophie permettent à quelqu'un de comprendre qu'il est en réalité fait pour la finance, loin d'être du temps perdu, les heures passées à étudier cette discipline auront été un chemin de Damas pour celui qui y découvrira quelque chose d'essentiel sur lui-même (le mouvement peut aussi aller de la finance à la philosophie...).

15. c)

L'expression désigne une personne généreuse et qui prête attention aux douleurs des autres. Dans le contexte du Nouveau Testament, c'est une métaphore que le Christ emploie lorsqu'il parle à ses disciples, pour illustrer la manière dont il faut pratiquer sa parole. Un individu chemine sur son âne et se fait attaquer par des bandits qui le dévalisent et le laissent agonisant sur la route. Survient un voyageur, homme très pieux, qui voit l'infortuné, mais, craignant d'être attaqué, préfère repartir sans descendre de sa monture. Puis passe un habitant de Samarie, qui, découvrant la victime, s'empresse d'aller lui porter secours sans réfléchir au danger, plus préoccupé par la situation du malheureux que par sa propre personne. La question que le Christ pose alors à ses disciples est : « *Qui, d'après vous, a fait entre ces deux hommes, la volonté de mon père ?* » Bien évidemment, ce n'est pas l'homme pieux, qui s'enfuit lorsque la fidélité à sa religion risquerait de lui coûter la vie, c'est au contraire l'homme de peu de foi qui, lui, n'hésite pas à aider son prochain.

Le sens de cette parabole est de faire comprendre que le bon Samaritain est plus proche de l'esprit de Dieu que l'homme qui respecte les apparences de la vertu, mais est incapable de courir le moindre risque. Autrement dit : celui qui prétend être juste, mais qui fuit devant le danger lorsque la justice l'exige, n'est pas vraiment juste...

16. b)

Dans le Nouveau Testament, cet épisode se produit à l'instant où le Christ, arrivé devant une synagogue, se présente comme le messie, l'envoyé de Dieu que les Juifs attendent (Matthieu, chap. 22, 15 ; 22). Les membres de la synagogue voient d'un mauvais œil ce nouveau prophète, qui n'hésite pas à les railler en public, se moquant de leur hypocrisie et de leurs mensonges. Par ailleurs, le Christ se présente également comme fils de Dieu, ce qui est à leurs yeux un blasphème. Le clergé va donc chercher à prendre en défaut celui qui entraîne derrière lui des foules de plus en plus importantes, en lui posant des questions auxquelles, pensent-ils, il lui sera impossible de répondre. En avouant son ignorance, Jésus ferait l'aveu qu'il n'est pas ce qu'il prétend être – un être d'essence divine –, mais qu'en réalité c'est un imposteur. La question est la suivante : les Romains viennent régulièrement collecter les sommes que les fidèles déposent au temple ; *« Que faut-il donc faire : payer cet impôt avec de l'argent qui devrait servir au culte divin ou se dispenser de l'acquitter ? »*. L'alternative est que si le Christ répond que l'impôt doit être payé, c'est qu'il cède devant l'autorité romaine, ce qui déplaira aux fidèles. Si, au contraire, il dit qu'il n'est pas nécessaire de le faire, il sera alors possible aux rabbins de le dénoncer aux autorités comme un individu dangereux pour l'ordre public. La réponse du Christ est la suivante : il commence par prendre une pièce et demande aux rabbins à qui appartient le portrait gravé dessus. « *A César* », répondent-ils ensemble. « *Alors, rendez à César ce qui est à César et à Dieu ce qui est à Dieu* ». La réponse les plonge dans l'embarras, car elle ne laisse aucune prise à la contestation.

Cette phrase remet à leurs véritables niveaux des enjeux de nature différente : rendre à César ne signifie pas seulement qu'il faille restituer le mérite d'une chose à la personne qui y a droit. C'est bien plus : au fond, il s'agit d'être capable de faire la part des choses et, comme dans l'exemple, de ne pas mélanger des valeurs qui ne doivent pas être confondues, comme le spirituel et le temporel.

17. a)

Il s'agit là encore d'une parabole, par laquelle le Christ s'efforce de faire comprendre son message à ses disciples. Ici, il utilise l'image d'un seigneur qui demande à des ouvriers de récolter sa vigne, enfin prête à donner son vin (Matthieu, chap. 20, 1 ; 16). Les ouvriers commencent le travail et passent la journée à œuvrer dans la chaleur et le soleil. Alors que le soir tombe, d'autres ouvriers se présentent au seigneur et lui demandent s'il n'y aurait pas un peu de travail pour eux : le maître leur propose d'aider les autres à finir la récolte. Or voici que lorsque tout est terminé, et que les ouvriers vont voir le maître pour recevoir leur salaire, les premiers à avoir commencé s'aperçoivent qu'ils sont payés exactement comme les derniers. Ils commencent à se plaindre, en disant que leurs efforts ayant été plus importants, il n'est pas juste qu'ils ne soient pas payés davantage. A quoi le maître répond que chacun mérite le même salaire pour son travail, et qu'il paiera aussi bien les ouvriers de la onzième heure que ceux qui ont commencé à travailler dès le début.

Le sens de l'allégorie est assez clair : le seigneur est bien évidemment Dieu lui-même. Les ouvriers représentent ceux qui lui obéissent, c'est-à-dire les fidèles ou les croyants qui vont dans le monde en répandant sa parole. La récolte de la vigne représente tous ceux qui se seront convertis grâce à eux (la vigne, avec le jus rouge du raisin, est utilisée pour désigner le sang et donc ceux qui le portent : les hommes). Le sens de cette allégorie est donc qu'au moment où chacun rejoindra le royaume des cieux, certains auront entrepris très tôt de répandre autour d'eux les paroles de l'Evangile, alors que d'autres ne s'y seront mis qu'à la dernière minute. Or leur récompense, dit le message, sera la même : celui qui aura agi durant toute sa vie en suivant l'Evangile ou celui qui ne s'y sera intéressé qu'à la dernière minute. Aucun n'est fondé à réclamer plus que celui qui arrive en dernier. Le sens de cette parole est simple : celui qui agit doit le faire de façon désintéressée, et non pas en calculant ce qu'il pourrait en retirer. Si celui qui respecte l'Evangile le fait parce qu'il attend une récompense, il doit savoir qu'il ne recevra pas plus que le converti de la dernière minute. Les ouvriers de la onzième heure reçoivent ainsi autant que les autres parce que l'important est d'avoir eu la démarche de s'engager.

18. a)

Cette parabole est une description des rapports que les croyants doivent entretenir avec Dieu (Luc, chap. 15, 11 ; 32). Le récit est donc celui d'un maître qui possède deux fils. Le premier est docile, discipliné et s'acquitte consciencieusement de tous les travaux. Il s'agit bien sûr des fidèles qui obéissent scrupuleusement aux Evangiles et qui ne s'écartent pas du chemin tracé par Dieu. Le deuxième, en revanche, n'en fait qu'à sa tête, et décide de partir de la demeure familiale : il s'agit alors de ceux qui, ayant reçu l'enseignement du Christ, décident malgré tout de s'écarter du chemin qu'il leur propose. Or le deuxième fils quitte la maison de son père et s'en va vivre sa propre vie. Il parcourt le monde pendant des années, connaissant des succès et des échecs. Puis il décide un jour de rentrer chez lui. Il est cependant inquiet, car il ignore l'accueil que le seigneur lui a réservé : ne sera-t-il pas tenté de rejeter celui qui s'est enfui loin de lui ? Au contraire, son père l'accueille les bras ouverts et lui redonne aussitôt sa confiance.

Le sens est donc que, dans la perspective chrétienne, la maison (l'Eglise) n'est jamais fermée à ceux qui désirent la retrouver un jour. Le fils prodigue est le croyant qui est parti vivre sa propre vie loin de Dieu, puis qui finit par retourner dans le rang des fidèles. Au lieu d'être puni pour ses écarts, il est accueilli avec d'autant plus de joie qu'on le pensait perdu. La parabole désigne de manière plus générale tous ceux qui, après de nombreuses tribulations, finissent par retourner sur leurs traces, et retrouvent la voie qu'ils avaient laissée derrière eux. A ceux-là, le message est que, loin d'avoir perdu leur temps, ils sont paradoxalement plus méritants que ceux qui n'ont jamais quitté le sentier sur lequel ils ont l'habitude d'avancer. Entre celui qui choisit une voie sans jamais la quitter et celui qui prend la décision d'aller voir ailleurs avant de revenir, c'est le second qui est plus admirable. Il prend en effet le risque de tout abandonner, et son retour a d'autant plus de sens qu'il manifeste alors une volonté réelle et profonde.

19. c)

Bien que Georges Brassens ait pu dire « *Ne jetez pas la pierre à la femme adultère : je suis derrière* », c'est une autre moralité que contient cet épisode. La scène survient alors que le Christ aperçoit une assemblée d'hommes qui s'apprêtent à lyncher une femme (Jean, chap. 8, 1 ; 11). Il leur demande pour quelle raison ils veulent la tuer, et ils lui répondent que cette femme s'est rendue coupable d'adultère, un crime puni par la mort par lapidation (jet de pierres sur le coupable jusqu'à la mort). Le Christ réfléchit, écrit quelque chose sur le sable (c'est le seul passage de la Bible où il soit fait référence au Christ en train d'écrire). Il parle ensuite à la foule, et dit : « *Puisqu'il faut punir cette femme, faites-le, mais que celui qui n'a jamais péché lui jette la première pierre* ». Nul ne se sentant assez pur pour pouvoir prétendre n'avoir jamais commis la moindre faute, les personnes présentes finissent par se disperser les unes après les autres. Le Christ s'avance alors vers la femme, lui annonce qu'elle est pardonnée mais que désormais elle ne doit plus fauter.

Cet épisode illustre en fait le passage entre deux sortes de justices : celle de la réparation, présente dans l'Ancien Testament, et celle du pardon, que le Christ annonce à ceux qui viennent l'écouter. En effet, pour les croyants de l'époque, la loi la plus utilisée est celle du talion : œil pour œil, dent pour dent. La réparation suppose qu'on inflige au coupable de la faute une peine qui sera l'équivalent du tort qu'il a commis. En revanche, avec le Nouveau Testament, il faut d'abord être capable de se juger avant de vouloir condamner les autres, et même si la faute a bien été commise, le pardon est plus grand que la sanction. En pardonnant à la femme adultère, le Christ montre que la faute est reconnue - il ne dit pas à la femme qu'elle n'est pas coupable -, mais il met l'accent sur le rachat plus que sur la peine. En agissant de la sorte, c'est la manière d'envisager le péché qui change : au lieu d'une erreur irréparable qui condamne à jamais celui qui s'en est rendu coupable, la faute est l'occasion d'un rachat, d'une autre chance, et elle permet ainsi au fautif de s'améliorer, comme si pécher était aussi une occasion pour devenir meilleur.

20. a)

Cette locution, un peu triviale hors contexte, fait référence à l'un des derniers épisodes du Nouveau Testament : le moment où le Christ est livré à la foule avant d'être mis à mort (Matthieu, chap. 27, 11 ; 26). Il prend place après la trahison de Judas : ce dernier a vendu le Christ à ses ennemis en l'embrassant devant eux (le baiser de Judas). Jésus est donc arrêté, enchaîné, et conduit devant Ponce Pilate, gouverneur romain qui dirige la région. La foule lui remet le Christ en disant qu'il faut le mettre à mort. Le gouverneur leur demande ce qu'il a fait pour mériter un tel châtiment : on lui répond que le Christ prétend être le roi des Juifs, ce qui est un blasphème. Justement, une exécution doit avoir lieu prochainement et le coupable, un certain Barrabas, est déjà en prison. « *Qui donc préférez-vous voir mourir*, demande Ponce Pilate, *le voleur ou celui que vous appelez le Christ ?* » La foule répond : « *Le Christ* ». C'est donc celui-ci qui sera condamné à être exécuté, mais Ponce Pilate veut pour sa part, ne rien avoir à faire dans cette injustice. Il prend alors de l'eau, y passe ses mains, et leur annonce alors qu'il se lave du sang de ce juste.

Le sens courant de cette expression est donc de désigner l'attitude de quelqu'un qui refuse de prendre ses responsabilités. S'en « laver les mains » serait se désintéresser d'un problème, refuser d'en porter la moindre responsabilité. C'est une interprétation de l'attitude de Pilate, mais elle ne rend pas compte de la signification du geste de ce dernier. Pilate ne se contente pas de se désengager, il cherche surtout à mettre chacune des parties devant ses responsabilités. En se lavant les mains du sang du Christ, ce que Pilate signifie à la foule c'est qu'il faut qu'elle soit consciente que c'est elle qui est en train de décider de ce qui aura lieu. L'attitude de Pilate consiste ainsi à demander à chacun de réfléchir avant d'agir, et d'être sûr que c'est réellement cette mort qu'ils désirent. Au lieu d'être lâche et irresponsable, son attitude constitue plutôt une invitation à réfléchir, comme un avertissement qui consiste à demander : soyez certains que c'est ceci que vous voulez, parce qu'ensuite ce ne sera plus ma responsabilité mais la vôtre.

21. b)

Cet épisode du Nouveau Testament prend place après la mort du Christ (Actes des apôtres, chap. 2). Les apôtres, c'est-à-dire ceux qui ont suivi le Christ, sont assemblés afin de savoir ce qu'ils doivent faire alors que leur maître est parti. Tout à coup, ils voient descendre du ciel des « langues de feu », et ils se mettent soudainement à pouvoir parler et comprendre tous les langages de la terre. Ils restent ainsi une journée entière, et devinent que c'est l'Esprit saint qui est descendu sur eux pour leur donner ce pouvoir surnaturel.

Le sens de cet épisode est multiple. On sait ainsi que les langues sont dans la Bible une source de division entre les hommes, et qu'à cause d'elles l'humanité est désormais incapable de s'unir pour mener en commun des projets qui iraient au-delà des limites que Dieu a fixé aux hommes. L'épisode de la Pentecôte montre que c'est désormais le contraire qui se produit : les langues ne constituent plus un obstacle, elles deviennent un élément que la grâce donnée par Dieu peut surmonter. Le message est donc que lorsqu'on est inspiré par l'Esprit saint, il suffit de le laisser parler pour qu'aussitôt on soit compris. Cette aide providentielle est d'ailleurs présente dans d'autres passages où, lorsque les croyants se demandent ce qu'ils devront dire dans certaines circonstances, on leur répond qu'ils n'auront qu'à laisser parler l'Esprit saint. On retrouve ainsi l'idée selon laquelle ce qui sort de la bouche des hommes n'est juste que lorsque ce ne sont pas eux qui parlent mais leur père qui s'exprime à travers eux. Le Christ demande ainsi à ses apôtres qui il est, et l'un d'entre eux répond : « *Tu es le fils de Joseph, le charpentier* ». Le Christ lui dit alors : « *Eloigne toi de moi, car ce n'est pas mon père mais le diable qui t'a soufflé cette réponse.* » La parole est donc mauvaise si elle ne dépasse pas le niveau humain pour s'élever jusqu'au stade de la grâce. L'individu laisse alors Dieu parler à travers lui, mais il doit renoncer à vouloir répondre sans le secours divin, faute de quoi ses pensées resteront celles des hommes, habités par le péché.

Le deuxième sens de cet épisode est que le message du Christ ne s'adresse pas à un peuple particulier. Un peuple se définit par sa langue, et si la parole divine était réservée à ceux qui comprennent la langue qu'il utilisait, sa portée resterait limitée aux seuls Araméens. Au contraire, elle dépasse les frontières du langage et s'adresse à chaque homme en tant qu'homme, et non à tel peuple particulier qui se caractériserait par telle ou telle langue. La différence avec l'Ancien Testament est ici que la parole n'est plus réservée à une certaine population, mais qu'elle est de nature universelle (*catholicos*, en grec, signifie d'ailleurs « universel »).

Enfin, on pourrait relever un dernier sens dans la mission qui est confiée aux apôtres – et à travers eux à tous les croyants : celle de répandre la bonne parole dans le monde entier, sans se limiter aux personnes avec lesquelles ils partagent la même communauté de langage. L'épisode des « langues de feu » serait ainsi une invitation à parcourir le monde pour manifester l'Evangile.

22. c)

Plus besoin de parler chinois pour comprendre des phrases comme « reste zen » ou « je suis au nirvana » ! Pourtant, rien n'était moins évident que le succès d'une religion telle que le bouddhisme. Née sur les rives de l'Indus au Ve siècle avant J.-C., cette religion est fondamentalement liée à la figure du Bouddha dont l'enseignement oral a débuté à trente-cinq ans. Après la rencontre d'un vieillard, d'un malade, d'un cadavre et d'un mendiant, le jeune prince Siddharta Gautama (le nom du Bouddha avant que son esprit ne s'éveille) a une illumination : la vie est souffrance. Pour échapper à la douleur, il fuit la vie de cour, puis parcourt la Chine et l'Inde. Il cherche à comprendre la nature du monde et essaie différentes pratiques (jeûne, mortifications...). Un jour, il est éclairé sur le sens de l'existence ; il devient le Bouddha, littéralement « celui qui s'est éveillé ». Il enseigne alors les « quatre saintes vérités », dont le but est de provoquer le renoncement à tout désir et à l'illusion du moi. Car le détachement ultime, le nirvana, en est le but : c'est l'état de l'être sorti du cycle des réincarnations. En effet, le désir nous piège, il nous maintient dans l'envie d'exister qui fait que nous prenons une autre forme après notre mort. La sortie du cycle des réincarnations est la seule façon d'être libre : autrement, nous sommes dans un éternel retour sans fin et sans issue.

Cette ascèse extrême, où l'idée de Dieu est entièrement absente, était *a priori* peu susceptible de plaire dans des pays où triomphe la société de consommation. Elle a pourtant connu un incroyable engouement auprès de 4 millions d'Occidentaux, venus s'ajouter aux 321 millions de pratiquants asiatiques ces dix dernières années. Mais qui sait vraiment que le dalaï-lama, loin d'être le seul représentant d'une religion, ne fait connaître que l'une des quatre formes du bouddhisme tibétain ? Le bouddhisme désigne en réalité un ensemble de cultes et de croyances extrêmement variés. Les grands textes sacrés ont été codifiés en 477 avant J.-C. en un triptyque : les vinaya, relatifs à la discipline, les sutras, recueil des paroles du Bouddha, l'abhidharm, les écrits de Bouddha.

Dès le premier siècle, une opposition apparaît entre les croyants attachés au Mahayana, qui désigne le grand moyen de progression, et le Hinayana, moyen inférieur de progression. Le premier promet le salut même en dehors du respect de la discipline, et considère le Bouddha comme une émanation du divin. Au IIIe siècle, le Mahayana est à son tour victime d'un schisme, et au VIIe siècle apparaît une tendance simplificatrice à l'extrême, privilégiant uniquement la méditation : c'est le zen japonais.

Le shintoïsme pratiqué au Japon n'a également aucun rapport avec le bouddhisme tibétain dont les principes sont pourtant semblables. Ce mouvement est au contraire une relecture nationaliste du bouddhisme, dont certains Japonais vont d'ailleurs jusqu'à dire que son fondateur était en réalité un des leurs ! L'accent est ainsi mis sur la dimension politique, l'empereur faisant partie des divinités shinto, et autorise une interprétation recherchant, à travers l'exercice de la religion, à provoquer un retour au grand Japon, dont la personne de l'empereur reste le symbole le plus important.

23. c)

Si l'hindouisme provient du mot Inde, c'est parce que l'histoire de ce pays est inséparable de sa religion. Le fond ancien sur lequel il naît remonte à plus de deux millénaires avant Jésus-Christ. C'est à travers quatre textes de sagesse, les vedas, qu'a été codifiée la plus grande partie de la doctrine hindouiste. Tous textes confondus, l'ensemble représente près de dix fois la Bible ! C'est sans doute parce que cette tradition a été connue de Bouddha que l'on y retrouve des idées proches. Tout être dispose en effet d'un karma, somme des actions que nous accomplissons dans cette vie. Ce karma va déterminer la forme que nous prendrons dans notre renaissance puisque, là encore, la vie n'est qu'un passage vers une renaissance sous une autre forme.

A la différence de la doctrine bouddhiste, l'univers des hindouistes foisonne de dieux. Le plus important, Brahma, apparaît comme une sorte de démiurge, image de l'infini. Mais il faut plutôt parler d'une triade, car il est invariablement accompagné de Vishnou et de Shiva, qu'un pratiquant ne saurait vénérer indépendamment du premier. La situation se complique lorsque l'on sait que Vishnou possède à son tour dix avatars (manifestations), qu'il faut révérer à son égal.

L'hindouisme est le véritable ciment de l'Inde, et s'il concerne potentiellement 970 millions de personnes, il constitue surtout une réalité vivante et quotidienne pour les 650 millions de ruraux. C'est principalement à travers le système des castes que l'on perçoit le lien qui unit en Inde la société au sacré. Parmi les quatre castes qui organisent l'ensemble de la société, celle des brahmanes est la plus estimée. Ce terme désigne ceux qui possèdent la connaissance, à l'origine la plus importante, celle des textes sacrés. Les princes, eux, s'occupent de régner et de diriger, les artisans gèrent les affaires courantes ainsi que l'argent, tandis que la dernière caste est composée de tous ceux qui servent les trois autres. Ce système propre à l'hindouisme est inscrit dans les vedas et possède un statut divin au même titre que les autres croyances. Il n'est d'ailleurs compréhensible qu'à travers la religion, la caste étant supposée résulter du comportement de l'individu dans ses vies précédentes : une basse caste est la punition d'une mauvaise vie et réciproquement. C'est à travers les valeurs de l'hindouisme que se façonne la société indienne depuis plus de 3 000 ans, et si en théorie les castes ont été abrogées voici quelques années par le Parlement, elles demeurent enracinées dans les esprits comme dans la pratique.

Par ailleurs, sans le vouloir, puisque ne contenant aucun message d'ordre politique, l'hindouisme est devenu un enjeu d'ordre identitaire dans un pays qui n'a toujours pas réglé ses problèmes de frontières avec le Pakistan en ce qui concerne la province du Cachemire. L'origine des partis hindous est le Rashtriya Swayasevak Sang (RSS ou Corps national des volontaires). Fondé en 1925, il était à l'origine nettement plus anti-musulman qu'anglophobe. Revendiquant une notion culturelle – l'hindouisme – comme signe de reconnaissance de l'identité indienne, il place la religion au cœur de l'âme indienne. Leurs principaux adversaires sont désormais les Indiens laïques, qui se reconnaissent dans la Constitution de Nehru, le premier à établir la séparation au sein de l'Etat entre le spirituel et le politique. Le RSS dispose d'une importante implantation locale, qui lui permet de financer de nombreuses campagnes politiques ou idéologiques. Le BJP, parti du peuple indien, proche du RSS quoique officiellement indépendant, a ainsi remporté les élections législatives de 1996 et continue de diriger la vie politique indienne. Par souci de plaire à l'Occident, ce parti rejette le système des castes mais, dans la réalité, ce sont bien moins de 20 % des individus qui dirigent effectivement le pays.

Partie III

Les grands courants artistiques

Questions

1. Le surréalisme tient son nom du fait qu'il aime le :
a) surnaturel
b) réel
c) plus que réel

2. La Renaissance est :
a) un renouveau spirituel
b) une doctrine politique
c) un retour à l'Antiquité

3. L'impressionnisme doit son nom à :
a) une impression
b) un tableau
c) un lieu

4. L'évolution vers la peinture non-figurative a été :
a) rapide et simple
b) longue et sinueuse
c) impossible

5. Les symboles en peinture portent sur :
a) les objets et les couleurs
b) les personnages et les formes
c) les deux

6. L'art est un domaine :
a) réservé aux artistes
b) ouvert à tous
c) cela dépend

7. L'expression « art dégénéré » fait référence :
a) aux artistes de la fin du XIXe siècle
b) aux artistes modernes sous Hitler
c) aux années soixante à New York

8. L'art préhistorique apparaît à l'âge :
a) de pierre
b) de fer
c) de bronze

9. L'art est conceptuel lorsqu'il :
a) privilégie l'idée sur la forme
b) doit pouvoir être expliqué
c) renonce à être compris

10. Dans l'art roman et l'art gothique, innovation technique et renouveau artistique sont-ils :
a) liés
b) sans rapport
c) plus ou moins liés selon les artistes

Réponses

1. c)

Ce courant artistique apparaît à la fin de la Première Guerre mondiale grâce à André Breton (1896-1966) et Philippe Soupault (1897-1990). Tous deux sont infirmiers durant les combats les plus durs, et assistent au conflit qui va conduire à la mort plus de quatre millions d'hommes. L'impression d'un massacre absurde va créer chez eux la volonté de renouveler en profondeur les règles du jeu artistique. Après la guerre, il est impossible de faire comme si rien ne s'était passé, et les artistes doivent montrer dans leurs œuvres les bouleversements de leur époque. Dès leur retour à la vie civile, ils adoptent le manifeste d'un inconnu venu de Roumanie : Tristan Tzara (1896-1963). Ce dernier a lui aussi fait l'expérience de la guerre, et veut dynamiter tous les conformismes. Il proclame que désormais, en art aussi, la création doit laisser la place à l'absurde, et qu'il ne faut plus chercher à plaire mais au contraire à provoquer. Pour baptiser son mouvement, par exemple, il ouvre un annuaire au hasard : il trouve le mot « Dada », et le garde. André Breton et Soupault voient dans ce geste la base qui va leur servir à élaborer une nouvelle vision de l'art. André Breton va exposer ses théories dans un ouvrage, le *Manifeste du surréalisme*, qui sera la référence majeure de beaucoup d'artistes contemporains. Les idées de Breton sur l'art sont tout d'abord qu'il faut renoncer à donner des règles à la création. Pour le surréalisme, la beauté jaillit de rencontres inattendues et improbables. Ainsi, la rencontre insolite *« d'un parapluie et d'une machine à coudre sur une table d'opération »* possède à ses yeux plus de charge émotive qu'un portrait. L'artiste doit ouvrir la voie à son inconscient, renoncer à vouloir comprendre ou à expliquer ce qu'il crée pour que puissent apparaître les choses enfouies au plus profond de lui. Les premiers essais pour donner une forme à cette théorie vont consister par exemple à découper dans des journaux des phrases ou des titres. Elles seront ensuite mélangées dans un chapeau pour être rassemblées de manière complètement aléatoire. Le résultat peut être par exemple : « La boucherie du Quartier latin vend des éclairs chargés attention aux mauvaises rencontres ». La beauté naît d'assemblages incongrus qui, par leurs côtés entièrement irrationnels, provoquent un sentiment d'étrangeté, celui-ci étant pour Breton le signe même de la poésie.

Mais bientôt, le créateur du surréalisme va transposer ses idées dans tous les domaines de l'activité artistique. Pour les écrivains, il prônera ainsi l'écriture automatique. Très familier des théories de Freud sur l'inconscient, Breton considère en effet que les poètes réfléchissent trop en écrivant. Il recommande alors à ces derniers d'écrire au fil de la plume, de plus en plus vite, afin que la conscience n'ait plus le temps de réfléchir sur ce qu'elle est en train de faire. Elle laisse alors apparaître des associations libres d'idées, traductions fidèles de l'inconscient. Le premier ouvrage publié et entièrement rédigé selon cette méthode s'appelle *Les Champs magnétiques*. Il est le fruit d'un séjour que Breton et Soupault passèrent à l'hôtel des Grands hommes (situé place du Panthéon), et où ils écrivirent sans réfléchir – selon eux – tout ce qui leur passait par la tête. De nombreux poètes, attirés par cette approche entièrement nouvelle, se mirent bientôt à suivre Breton : Paul Eluard (1895-1952), Robert Desnos (1900-1945), Louis Aragon (1897-1983), etc. En peinture, le surréalisme se traduit par des œuvres où les règles classiques de la composition laissent la place à des images improbables : des girafes en feu, des montres molles, etc. Salvador Dali (1904-1989) sera l'une des grandes figures de ce surréalisme pictural, avec d'autres artistes comme René Magritte (1898-

1961). Au cinéma également le surréalisme donnera naissance à un film de Luis Buñuel (1900-1983), *Le Chien andalou*. Les plans s'y succèdent comme dans un rêve, sans suite ni logique, créant une atmosphère onirique.

Sur le plan politique, le surréalisme se veut profondément antibourgeois. Breton, que le manque d'inventivité des classes moyennes exaspère, n'a pas à l'origine de ligne politique précise. Cependant, à mesure que le mouvement gagne en notoriété, Breton se rapprochera progressivement du parti communiste. Il finira par déclarer que le combat des communistes et celui du surréalisme vont de pair, puisque l'un comme l'autre veulent révolutionner le monde. Cette déclaration marquera une rupture dans les rangs des disciples du mouvement qui ne veulent pas être récupérés pour servir de caution à une idéologie. De nombreuses personnalités comme Dali ou Magritte quitteront alors le mouvement. Tant pour le renouvellement qu'il a apporté aux créateurs que pour les indispensables questions qu'il a clairement posées (quel est le rôle de l'artiste ? Est-ce que le beau doit toujours plaire ?), le surréalisme reste l'un des mouvements artistiques les plus importants du XXe siècle.

2. c)

Ce terme désigne un mouvement dont la naissance peut être située en Italie, vers le milieu du XVe siècle. Sur le plan le plus connu, ce terme désigne le retour à certaines valeurs délaissées sous le règne de la pensée chrétienne : celles défendues, en particulier, par les philosophes grecs. Pour la philosophie chrétienne, les premiers philosophes avaient le tort de ne pas avoir connu Jésus-Christ. Ils s'étaient donc fourvoyés sur la nature de la vérité, de la justice et du sens de la vie humaine sur terre. De plus, le Moyen Age avait délaissé l'étude du grec au bénéfice du latin. Peu de personnes étaient capables d'accéder aux textes grecs qui restaient de ce fait inédits en latin. C'est l'œuvre de grands lettrés comme Guillaume Budé (1467-1540) d'avoir relancé l'étude du grec ancien, et formé des savants capables de traduire Platon ou Aristote. Leurs œuvres, diffusées de nouveau, suscitent un engouement général. Parmi tous les intellectuels de l'époque, on voit chez les Grecs un peuple épris de liberté, mais on trouve surtout une conception du monde où Dieu n'est plus le centre de toute chose. Cette nouvelle vision de l'univers, où c'est l'homme qui occupe la place centrale, est connue sous le nom d'humanisme. Les hommes de la Renaissance vont désormais chercher à répondre aux questions qu'ils rencontrent par leurs propres moyens, et non plus en priant un Dieu invisible.

En art, ce bouleversement va se traduire par un retour massif des sources antiques : délaissée durant tout le Moyen Age, l'Antiquité redevient à la mode. En Italie ce courant rencontre un succès impressionnant dû à la proximité d'innombrables vestiges antiques. En architecture, par exemple, les monuments romains vont devenir les sources d'inspiration de tous ceux qui édifient des bâtiments. Les architectes copient les formes rondes des toitures, les sculptures en bas-relief comme celles que l'on voit sur les tombeaux - les frises - et qu'ils vont transposer sur leurs œuvres. Les sujets changent également : au lieu de représenter des scènes tirées uniquement des Ecritures - comme c'était le cas jusqu'alors pour les peintres ou les sculpteurs - on va chercher l'inspiration dans l'Antiquité. Michel-Ange (1475-1564) va ainsi réaliser une sculpture d'esclave. La posture inédite (l'esclave est nu, ce qui n'est le cas d'aucune œuvre d'art chrétienne) indique le profond bouleversement qui a lieu. Ce renouvellement des sources de l'inspiration se traduit également en peinture, puisque c'est à cette époque qu'apparaît la perspective, découverte par l'architecte Brunelleschi (1377-1446) et le mathématicien Alberti (1404-1472). Ce terme désigne le moyen de créer sur une toile en deux dimensions une impression de profondeur conforme à celle de l'œil face à un paysage en trois dimensions. Cette découverte est certes avant tout mathématique, puisque c'est sur la base de travaux d'optique que l'on est parvenu à restituer sur une toile l'illusion du réel, mais elle témoigne aussi d'un souci de représenter le monde humain tel qu'il est vécu par chacun dans sa vie quotidienne. Auparavant, l'intérêt porté au respect des proportions était moindre, puisque rien de ce qui était montré (le Christ, les anges) ne correspondait à un objet réel. La peinture change également de cadre à la Renaissance. Les princes veulent en effet montrer leur richesse à travers les artistes qu'ils favorisent. Ainsi les tableaux font leur apparition dans les palais et quittent les églises où ils étaient traditionnellement exposés. Par ailleurs, de nouveaux sujets sont traités en peinture. Par exemple, le peintre Raphaël (1483-1520) va peindre l'*Ecole d'Athènes*, où l'on peut observer les visages de Socrate et de Platon au lieu des sujets traditionnels et religieux. Les sujets mythologiques apparaissent eux aussi, alors qu'ils étaient inexistants : ainsi, les scènes tirées de l'*Odyssée* ou des mythes grecs se mettent à fleurir sur les tableaux. Enfin, les corps, jusque-là toujours voilés et cachés, se dénudent progressivement, pour laisser apparaître des personnages dont l'anatomie est soigneusement détaillée. Ainsi, le Dieu du plafond de la chapelle Sixtine est entièrement nu, et semble bâti comme un véritable athlète de l'Antiquité. Cette volonté de renouer avec ce que certains appellent l'« âge d'or » se traduira même en musique, puisque c'est encore en Italie que naîtra le premier opéra du musicien Claudio Monteverdi (1567-1643). Tiré lui aussi d'un mythe grec – Orphée –, il marque un tournant décisif avec les anciennes compositions dont l'unique objet était jusqu'alors de chanter les louanges du seigneur.

3. b)

Le terme d'impressionnisme est né au cours de l'une des premières expositions du peintre Claude Monet (1840-1926). Pour présenter leurs œuvres, les peintres de l'époque avaient accès à des salons annuels, au cours desquels on pouvait découvrir les futures tendances de la peinture : ces salons constituaient une vitrine des travaux artistiques en cours. Cependant, parce qu'ils s'adressaient à un large public, le choix des œuvres présentées manquait souvent d'audace. Le comité chargé de choisir les tableaux se contentait de sélectionner des peintres dont les œuvres ne risquaient pas de dérouter le grand public : sujets historiques ou scènes de genre (représentations de la vie quotidienne) académiques (conformes aux principes du dessin tels qu'ils étaient enseignés à l'Académie des beaux-arts). Or certains artistes comme Edouard Manet, refusé régulièrement, décidèrent de contre-attaquer. Ils présentèrent eux-mêmes leurs tableaux dans ce qu'ils baptisèrent le « salon des refusés », un lieu qui regroupait des artistes dont les œuvres étaient exclues du salon traditionnel. Bientôt, la popularité des « refusés » - Cézanne (1839-1906), Monet, Manet (1832-1883) - grandit, et il devint aussi important de visiter leur salon que le salon officiel.

C'est au cours de l'une de ces expositions que Monet décida un jour d'exposer une vue de la côte en pleine lumière, dont le titre était *Impression soleil levant*. Le style du tableau, qui privilégiait la couleur au lieu du dessin, et s'attardait davantage sur les effets de lumière que sur le sujet, émut fortement un critique du *Figaro*. Il vit dans ce nouveau style la mort de la peinture. Dans l'article qu'il écrivit, il décida de parler « d'impressionnisme », en référence au titre de l'œuvre de Monet. Mais ce n'était pour lui rien d'autre qu'une insulte, un adjectif entièrement péjoratif destiné à tourner en ridicule cette école de peintres qui, selon le critique, *« ne savaient pas tenir un crayon »*. Cependant, loin de suivre l'opinion du journaliste, la majorité des visiteurs fut enchantée par ce nouveau style plein de lumière. Monet eut rapidement une réputation élogieuse dans le monde artistique de la fin du XIXe siècle. Le surnom que son style avait reçu fut conservé, mais il a perdu toute connotation ironique : il était devenu le nom d'une école dont la renommée reste entière aujourd'hui.

4. b)

C'est une longue route, pleine de ruptures, que suivit la peinture jusqu'à ce qu'apparaisse ce que nous connaissons aujourd'hui sous le nom de peinture non-figurative. A l'origine, c'est à travers les œuvres du peintre Cézanne que se manifestent les premiers changements qui marquent le début d'une évolution dont le terme est la rupture complète entre peinture et figuration. Cézanne apparaît en effet à une époque où les règles qui dirigent la peinture n'ont presque pas évolué depuis la Renaissance. Les compositions cherchent toutes à représenter le monde tel que l'œil humain le voit : respect des couleurs – on ne fera pas une mer jaune ou violette –, respect des proportions – l'échelle des grandeurs est strictement respectée – et de la perspective. Or, dans ses tableaux, Cézanne va s'affranchir progressivement de ces contraintes. Tout d'abord, il brise complètement la perspective : les lignes de fuite, qui dirigent toutes les lignes d'un tableau vers un seul et même point afin de coordonner la construction, n'obéissent plus au schéma traditionnel. Chez lui la perspective semble partir dans un sens, puis elle repart dans un autre sens ailleurs, ce qui donne une représentation complexe qui ne respecte absolument pas le réel. La lumière paraît ainsi venir de la gauche sur certains objets, tandis que sur d'autres elle arrive d'en haut ou de droite. Les lignes ne sont plus parfaitement droites, elles se tordent : il est alors possible de voir un objet à la fois de face et de profil. Une autre liberté prise par

Cézanne est le clair-obscur : ce terme désigne la façon dont, au sein d'un tableau, la même nuance de couleur est obscurcie ou éclaircie à certains endroits afin de donner l'illusion du relief : une nappe ne sera pas partout coloriée avec le même jaune ou le même vert. Cézanne va au contraire jouer avec ces clairs obscurs, et cela de façon à donner à ses objets des couleurs inattendues. Au lieu de foncer une couleur, il fera une ombre d'une couleur entièrement différente : l'endroit le moins éclairé de la nappe verte ne sera pas vert foncé mais orange par exemple. Ces innovations vont inspirer les artistes qui viendront après lui, parce qu'ils trouvent dans son style une liberté que l'observation des règles de construction classiques ne leur autorise pas. Les impressionnistes, pour leur part, vont également apporter à la peinture une autre nouveauté : la primauté de la couleur sur le dessin. Cela signifie qu'au lieu de faire leur tableau en dessinant d'abord le sujet pour le peindre ensuite, il peignent directement sans se préoccuper de savoir si les couleurs débordent de l'objet. Les contours deviennent alors flous, la couleur dépasse le dessin dans lequel elle était auparavant enfermée.

Le sens profond de ces changements est que le tableau n'a pas pour vocation de reproduire la réalité, mais au contraire qu'une toile est un lieu imaginaire où la vérité artistique est plus importante que la conformité au réel. C'est au début du XXe siècle que d'autres peintres vont aller au bout de cette logique, en refusant même que la peinture représente des objets : c'est ce que l'on appelle la peinture non-figurative. Dans ce style, où les précurseurs furent Mondrian (1872-1944) et Kandinsky (1866-1944), et qui marque l'aboutissement de ce qu'avait commencé Cézanne, il ne faut plus chercher une ressemblance entre le tableau et un objet extérieur : il n'y en a aucune. Désormais, le tableau doit être apprécié uniquement pour lui-même, indépendamment de toute référence extérieure.

5. c)

Regarder un tableau n'est pas nécessairement synonyme de le voir : la compréhension de certaines références suppose une « éducation du regard », ainsi que l'appelle l'historien d'art français Henri Focillon. Il existe en effet un nombre très important de symboles en peinture, dont la connaissance est indispensable à l'intelligence de ce qui est représenté. Le premier et le plus répandu des symboles est l'utilisation des couleurs. Dans la peinture religieuse, qui va du XIIIe au XVIIe siècle, le vert, par exemple, est le symbole de l'espérance, au sens chrétien : c'est l'attente du Christ et l'espoir du paradis – comme dans le *Retable* de l'Italien Sasseta (1476-1523). Le rouge est la couleur de la colère, mais aussi celle des passions, des hommes incapables de contrôler leurs désirs : c'est ainsi que beaucoup de seigneurs sont peints dans des costumes rouges, signe discret pour évoquer leurs débauches. Le rouge peut encore révéler leur côté guerrier (le rouge est aussi la couleur du sang) : en faisant le portrait d'un *condottiere* (seigneur de guerre), Piero de la Francesca (1407-1492) le peindra en costume et en chapeau rouge. C'est au XVe siècle qu'un ouvrage fera la liste des symboles : il s'agit de l'*Iconographie* de l'Italien Cesare Ripa. Cet ouvrage recense une autre catégorie de symboles : les objets, qui ont tous pour fonction de dire quelque chose de précis au spectateur averti. Si le peintre décide de représenter une épée, c'est parce que celle-ci évoque la puissance guerrière, c'est évident. Mais si cette épée est orientée vers la droite ou vers la gauche, si elle est sortie ou rangée dans son fourreau, c'est parce qu'à chacune de ces positions correspond un message précis. L'épée sortie indique un caractère guidé par la violence, l'épée rangée est une forme d'hommage à la prudence d'un roi qui possède la force militaire mais ne s'en sert qu'à bon escient – voir le *Portrait de Louis XIV* par Hyacinthe Rigaud (1659-1743).

Ces interprétations peuvent paraître le fruit de l'imagination au spectateur moderne, mais le code des symboles était extrêmement bien connu des peintres – leur correspondance en témoigne. Rien dans un tableau n'apparaît au hasard : chaque détail est le fruit d'une longue réflexion et se doit de dire quelque chose à celui qui regarde. La liste exhaustive des symboles est presque impossible à établir tant le nombre d'objets représentés est important. On peut néanmoins évoquer quelques-uns des signes les plus fréquents et les plus utilisés ; dans les tableaux représentant le Christ enfant, celui-ci porte parfois un corail rouge autour du cou : c'est le symbole de sa passion et de sa mort sur la Croix, un rappel du destin tragique qui l'attend alors qu'il n'est encore qu'un jeune garçon (représentation fréquente dans l'école flamande). Dans les natures mortes, on voit souvent des tranches de citron ou d'orange : les fruits, par leur forme ronde et les divisions qui se voient dans leur chair, sont un rappel des horloges et du temps qui passe. Ainsi *La Raie,* de Chardin (1699-1779) montre un poisson mort avec les ustensiles qui vont servir à le préparer, allusion à la mort prochaine. Les mouches, posées sur des personnes ou des objets, sont un rappel de la mort qui frappe chacun tôt ou tard et de la décomposition du corps, évoquée de façon presque imperceptible. Les balances qui se trouvent dans certains tableaux rappellent ainsi le Jugement dernier, l'instant où les âmes de chacun seront pesées pour être sauvées ou jetées dans le feu éternel. La manière dont les personnages sont situés, ainsi que leurs postures, ont toujours une valeur symbolique : celui qui se frotte les yeux est ainsi quelqu'un qui est aveuglé par une erreur, qui est incapable de voir les choses telles qu'elles sont – voir *L'Eté*, dans *Les Quatre saisons* de Nicolas Poussin (1594-1665). Celui qui garde la main sur sa bourse est un avare, trop attaché aux biens de ce monde. Enfin, même la construction géométrique du tableau est signifiante. Par exemple, dans la peinture de Piero de la Francesca intitulée la *Flagellation d'Urbino*, le tableau se divise en deux rectangles : dans l'un se trouve le Christ, dans l'autre des marchands qui observent son supplice. Or les deux rectangles ne sont pas égaux : celui du Christ est coupé par une diagonale dont la mesure s'établit en nombres entiers – l'harmonie –, tandis que la diagonales du rectangle des marchands est une racine carrée, autrement dit ce qu'on appelait à l'époque un nombre irrationnel, symbole de la folie des hommes.

6. b)

A cette question, la réponse aura été, pendant plus de vingt siècles, que l'artiste est seul à pouvoir réaliser des œuvres d'art. C'est avec Platon que se trouve exposée la doctrine qui restera en vigueur jusqu'au début du XXe siècle : l'artiste est un inspiré. En effet, l'artiste reçoit un présent des dieux, celui de pouvoir représenter des choses que lui seul perçoit. Pour Platon, cette activité n'est pas le fruit de la réflexion ou du savoir : l'artiste agit dans une sort de délire, de « fureur divine », il est habité par les dieux et reçoit d'eux ce qu'il va ensuite essayer de retranscrire dans ses œuvres. Cela signifie que l'artiste n'est pas philosophe. Il ne sait pas ce qu'il veut dire, le sens de ce qu'il crée lui échappe. Cela signifie également qu'il est une sorte d'élu : dans un de ses dialogues, le *Phèdre*, Platon admire même sans retenue le talent de ceux qui parviennent à donner à leurs œuvres un souffle capable d'émouvoir ceux qui l'écoutent. Tout le monde n'est donc pas artiste, rares sont ceux dont les productions déclenchent un sentiment.

C'est au XXe siècle, avec les courants qui suivent la Première Guerre mondiale, que ce postulat va être remis en cause. Dans le mouvement général qui donnera naissance à ce que nous appelons « l'art contemporain », le premier dogme qui va être interrogé est celui du beau. Jusqu'alors le but de l'art, tel qu'il était communément admis, était de créer des objets qui, avec leur beauté, provoquaient une émotion pour le public. Au contraire, avec le surréalisme, le beau est considéré comme un critère de goût bourgeois. Il faut le jeter aux oubliettes, pour lui préférer des sujets parfois scabreux - le cannibalisme, le meurtre -, car plus authentiques. L'écrivain Raymond Roussel (1804-1869) dans *Locus Solus* évoque ainsi un savant qui fait chanter un cadavre grâce à l'une de ses inventions. Ensuite, l'idée que l'artiste seul créerait de l'art va être attaquée avec deux arguments. En premier lieu, on va contester l'idée que le beau est seulement présent dans les œuvres artistiques, pour défendre, au contraire, l'idée selon laquelle la beauté existe dans toutes les œuvres humaines. Dès lors qu'ils résultent du travail humain, les objets sont beaux si l'artiste le décide. En 1917, Marcel Duchamp (1876-1918) va ainsi exposer un urinoir comme s'il s'agissait d'une œuvre d'art, et deviendra l'un des premiers à lancer cette idée que tous les objets sont beaux, à condition qu'ils soient exposés dans un cadre destiné à leur mise en valeur. Il intitule ses œuvres des « *ready-made* », des objets présents dans l'environnement quotidien et qui méritent le nom d'art au même titre que les sculptures du Parthénon. Ensuite, à ce premier point - qui veut que l'art soit partout - va rapidement succéder un autre point : chacun d'entre nous est artiste. L'art contemporain veut en finir avec l'image de l'artiste inspiré, et déclare que nul ne peut s'arroger le droit de se proclamer plus artiste qu'un autre. L'Allemand Joseph Beuys (1884-1954) déclare ainsi que « *tout homme est un artiste* ». Dans ses compositions, il utilise des feutres, de la terre, permettant au spectateur d'intervenir à part entière dans le processus de création artistique, devenant lui-même artiste. Il distingue des matériaux récepteurs (les surfaces) et émetteurs (ceux grâce auxquels chacun va pouvoir manifester ses talents). Dès ce moment, l'art devient universel, puisque tous les individus sont des créateurs. Il cesse d'être réservé à une élite et appartient désormais à chacun. L'autre conséquence est que l'art ne doit plus être le travail d'un seul homme. Il faut au contraire créer ensemble, ne plus accepter que l'œuvre soit le résultat des efforts d'un seul mais qu'elle résulte du travail de tout un groupe. Les surréalistes se mettront souvent à plusieurs pour réaliser des collages, où chacun apportait son propre morceau, et où l'œuvre s'élaborait grâce à l'intervention de chacun. La notion même d'artiste cesse d'avoir de la valeur dans l'art contemporain ; on lui préfère les créations collectives, voire même les œuvres anonymes, plus artistiques encore puisque n'appartenant à personne. Ainsi, un stylo est désormais une œuvre d'art, et d'autant plus belle que des centaines de personnes inconnues ont travaillé à son élaboration.

7. b)

Cette expression fut utilisée par les idéologues nazis pour désigner toute la production de leur époque qui ne faisait pas les louanges de ce que ses dignitaires admiraient : le culte du corps, de la force, de la violence. L'art dégénéré est ainsi composé de tout ce que les plus brillants artistes allemands avaient exprimé au sortir de la guerre : les figures déformées qui revenaient du front - Otto Dix (1891-1969) -, les corps tordus de l'expressionnisme - Emil Nolde (1867-1956). Cette vision pessimiste et désenchantée allait à l'encontre de l'idéologie nazie et fut considérée comme un instrument susceptible de jeter le trouble dans l'esprit des Aryens. C'est à ce moment que l'on se décida à rassembler ces œuvres dans une grande exposition destinée à montrer les horreurs que les artistes « dégénérés » étaient capables de mettre au monde. L'exposition eut lieu le 20 mars

1939 et connu un franc succès. Pour clôturer l'exposition, 1 300 tableaux et 3 825 aquarelles furent brûlés dans la cour d'une caserne de pompiers. L'expression d'« art dégénéré » évoque encore aujourd'hui l'aveuglement dont peuvent être victimes les individus lorsqu'ils essayent d'appréhender les œuvres d'un artiste avec des critères politiques.

8. a)

C'est de l'âge de pierre que l'on date les plus anciennes manifestations artistiques, et plus précisément du paléolithique inférieur (- 650 000 av. J.-C.). Elles se présentent sous des formes diverses, dont la plus connue est celle des peintures rupestres comme celles retrouvées en France dans la grotte de Lascaux, ou plus récemment dans la grotte Chauvet en Ardèche (considérées par l'Unesco comme des trésors du patrimoine mondial). La fonction précise de l'art à cette époque demeure encore largement inconnue. Les diverses interprétations de leur signification ne sont que des hypothèses dont aucune ne peut vraiment l'emporter sur les autres. Les motifs sont souvent identiques : ils représentent des scènes de chasse, des animaux, ou sont parfois des mains trempées dans l'ocre et appuyées sur les murs. L'analyse la plus fréquente est qu'il s'agissait, à travers ces peintures, d'en appeler aux dieux pour leur demander des chasses abondantes, ou encore de laisser la trace de captures particulièrement précieuses. Toutefois, dès cette époque, l'art aborde d'autres domaines que les représentations murales. A la même période, on voit apparaître des sculptures représentant des formes féminines, sans doute des symboles de la fertilité, avec des hanches larges et des formes pleines assez semblables à celles qui serviront des siècles plus tard à représenter l'abondance (*Vénus* retrouvées dans les grottes de Dordogne ou du Roussillon). On peut aussi constater un besoin d'orner les outils ou les lieux de vie, et qui semble aussi profond que le besoin de l'utile. L'art est donc présent sitôt que l'homme crée, en ce sens que les hommes ne se satisfont pas uniquement de l'utile mais qu'il leur faut en plus que celui-ci soit agréable à voir et à vivre. Les rites funéraires sont extrêmement élaborés, et le défunt est enterré avec ses costumes et ses armes, dans une disposition soignée qui dépasse le simple besoin d'enterrer les morts. Ainsi, les origines de la fonction artistique semblent proches, dans le temps, de celles des premières inventions techniques (silex, feu, vêtements).

9. a)

L'art n'a pas au départ d'autre ambition que de provoquer une émotion chez celui qui le voit. C'est pour cette raison que tout ce qui concerne le champ de l'art s'appelle « esthétique ». Ce terme provient en effet du grec *aesthésis*, qui signifie « émotion », tout ce qui touche notre sensibilité. Une deuxième précision s'impose immédiatement : le terme de « sensibilité » est ici à comprendre au sens large ; il s'agit de tout ce qui passe par nos sens, et non pas uniquement la sensibilité qui fait que l'on est touché par un film au point d'en pleurer, par exemple. L'art passe par les sens, et c'est à travers eux que son effet se fait ressentir. Il n'est donc pas le pur produit de l'intelligence : ce n'est pas parce que le raisonnement qui fait exister un tableau est logique que le tableau sera réussi.

Dans sa *Critique de la faculté de juger*, Kant avait ainsi défini l'action de l'art comme une finalité sans fin (« sans fin » voulant dire sans but et non interminable). Comment comprendre cette phrase ? Elle signifie que l'artiste, lorsqu'il crée, agit comme s'il visait un but précis. Il organise sa pensée, s'occupe de régler des détails, ajuste l'ordre des éléments, exactement de la même manière qu'un ingénieur qui devrait construire un pont.

Mais la différence, selon Kant, est que l'ingénieur agit en fonction d'un objectif déterminé : il doit construire un pont de telle taille, prévu pour tant de véhicules à l'heure, etc. Alors que l'artiste, lui, ne sait en réalité absolument pas ce qu'il veut créer ; il avance à tâtons et découvre ce qu'il veut faire en même temps qu'il le fait. Il semble donc agir comme s'il avait un but, mais en réalité il ignore lui-même ce qu'il cherche. Cela pour dire, dans un premier temps, qu'aucune œuvre ne résulte, selon Kant, d'une élaboration intellectuelle. Une création n'est pas le résultat d'un processus logique comme la construction d'un pont, c'est un mystère qui s'accomplit dans le libre jeu de l'esprit. Il est donc logique que Kant annonce par la suite que le beau est *« ce qui plaît universellement et sans concept »*. Ce qui signifie deux choses. La première est que le beau est universel : Kant refuse qu'en matière de goût il puisse y avoir des différences entre les peuples ; ce qui est beau l'est et le restera toujours pour tout le monde. On peut penser aux statues grecques : elles représentent des dieux auxquels nous ne croyons plus, elles viennent d'une époque révolue, et pourtant leur beauté continue de nous fasciner. La deuxième chose est que le beau est sans concept. C'est à dire, encore une fois, qu'il ne se réduit pas à une réflexion : en regardant un tableau on est ému ou pas, mais jamais par le contenu intellectuel, toujours selon le registre de l'émotion.

L'art conceptuel, quant à lui, prend le contre-pied de ces affirmations kantiennes et établit au contraire que le but principal de l'art est de faire passer un message. C'est sur la valeur de ce message que l'on doit se demander si l'œuvre est réussie ou pas. Ainsi, devant une sculpture, on ne cherchera plus l'objet qu'elle représente, mais l'idée. L'œuvre la plus connue de ce mouvement est celle de l'Américain Joseph Kosuth (1945), qui intitula *Chair* une photo représentant une chaise, simplement accompagnée d'une notice sur laquelle était écrite la définition de l'objet. Une telle œuvre est réussie parce qu'elle présente au spectateur le concept pur de l'objet qui est présenté : son image (sa forme) et sa définition (l'idée de l'objet). Ce courant fait donc de la réflexion l'aspect de l'art le plus important, et de la compréhension d'une œuvre dépend la réussite ou non du projet de l'artiste. Car c'est le dernier point qui caractérise l'art conceptuel : comme l'idée vaut plus que l'œuvre, le projet aura en conséquence plus de valeur que l'œuvre elle-même. Dans le courant qui s'appelle *cool art*, que l'œuvre existe ou non est finalement sans conséquences, puisque c'est surtout l'idée qui est intéressante. Les représentants du *cool art,* comme l'Américain Dan Flavin (1933-1996), n'hésitent donc pas à donner leurs projets à exécuter à des artisans, qu'ils considèrent comme plus habiles qu'eux techniquement. Le fait que ce ne soient pas eux qui exécutent la sculpture n'a pas d'importance : comme celle-ci ne vaut que par l'idée, une réalisation de professionnels garantira une fidélité plus grande à l'intention de l'artiste. Enfin, certains d'entre eux ne prennent même pas la peine de faire réaliser leurs œuvres et se contentent de vendre leurs projets. Ceux-ci une fois conçus, leur réalisation même n'est plus nécessaire, l'important étant que leur idée existe. Une idée reste toujours bonne, et le fait qu'elle demeure à l'état de projet n'enlève rien à son importance.

10. a)

On peut penser que le beau ne dépend pas des formes techniques et qu'il est d'essence immuable. Pourtant, plusieurs découvertes techniques furent à l'origine de profonds changements dans la perception esthétique, et devinrent rapidement eux-mêmes des sources de beauté originales et possédant leur propre valeur.

Cette relation est particulièrement évidente dans le processus d'invention architecturale qui donna naissance au style que l'on qualifie de gothique, et qui succède dans l'histoire de l'art à la période dite romane. Cette dernière débute au Xe siècle et désigne le style dont se sont servis les architectes des églises : on parle donc d'églises ou d'abbayes romanes, jamais d'immeubles ou de constructions romanes. Le style roman se caractérise par un élément fondamental : celui de la voûte en plein cintre. Ce nom désigne le système utilisé pour assurer la stabilité et la solidité des édifices religieux, et constitué d'un plafond en demi-cercle (la voûte). Toutes les églises romanes, construites entre le Xe et le XIIe siècle, suivent ce schéma, le meilleur selon les constructeurs de l'époque puisqu'il résolvait de la façon la plus rationnelle la principale difficulté rencontrée : la gestion du poids énorme des murs et du toit, ainsi que la forte poussée qu'ils exercent sur l'édifice. En effet, la voûte en plein cintre répartit le poids de façon égale des deux côtés, et la forme semi sphérique permet au toit de peser sur les murs de la manière la plus homogène possible.

Du fait qu'ils suivent tous ce schéma, les édifices romans se ressemblent beaucoup sur le plan esthétique. Tout d'abord, leur taille reste relativement modeste. Il est impossible avec ce système de dépasser une certaine hauteur car des murs trop hauts ne seraient plus tenus par la voûte et s'effondreraient à coup sûr. Ensuite, les églises romanes ne possèdent que peu de fenêtres car il fallait des épaisseurs importantes pour assurer la stabilité de l'ensemble. En perçant des ouvertures trop grandes, on affaiblissait la solidité de l'ensemble. Ces différents aspects (taille réduite, voûte en plein cintre), qui font le charme de l'art roman, sont donc le reflet de solutions techniques plus que de véritables choix esthétiques. Ils ne faisaient d'ailleurs que reprendre des solutions fort anciennes, puisque c'étaient celles que les Romains et les Arabes avaient utilisées en leur temps.

L'art gothique, quant à lui, naît avec une invention sans équivalent dans l'histoire de l'architecture : l'ogive. L'ogive est cette forme qui ressemble à un V à l'envers, mais dont les traits seraient légèrement bombés vers l'extérieur. Cette forme nouvelle va apporter une véritable révolution dans le style des églises, puisque les architectes (on ne connaît pas leur nom : aucun ne nous l'a laissé...) comprennent que grâce à ce système et à la manière dont il répartit les poussées, on peut élever considérablement la hauteur des édifices. Mieux, ils découvrent qu'en croisant deux ogives pour faire un toit, celui-ci peut-être construit avec beaucoup moins de matériaux tout en restant aussi solide qu'auparavant, si ce n'est plus.

Le reste va suivre de manière très logique. Si le toit pèse moins, les murs auront beaucoup moins de charge à supporter ; il devient alors possible de les faire monter beaucoup plus haut tout en diminuant leur épaisseur. La hauteur du sol au plafond s'élève vertigineusement, et c'est ainsi que l'on voit se construire les premières cathédrales, ce qui aurait été absolument inenvisageable avec le système de la voûte romane. Ensuite, puisque la charge baisse, il devient possible de percer les murs pour laisser entrer la lumière. Or on se rend compte que les espaces énormes qui deviennent désormais libres peuvent être occupés de bien meilleure façon que par de simples fenêtres : c'est l'invention des vitraux, devenus un signe caractéristique du style gothique. Désormais les murs sont presque en verre eux-mêmes puisqu'il suffit de simples colonnades pour tenir le toit (on peut admirer le sommet de cet art dans la chapelle royale, boulevard Saint-Michel à Paris). Enfin, les architectes vont équilibrer les murs montant trop haut pour tenir seuls (le plafond de la cathédrale de Beauvais culmine à 86 mètres...) avec des arcs-boutants, terme qui désigne les renforts extérieurs que l'on adosse aux murs à des intervalles réguliers pour supporter la poussée de ceux-ci.

Le style gothique se définit certes par un certain nombre de critères esthétiques – murs très hauts, utilisation de l'ogive, arcs-boutants le long des murs extérieurs –, mais c'est la seule innovation technique qui a entraîné ces bouleversements. La découverte architecturale de l'ogive et de la croisée d'ogives a rendu possible une nouvelle forme de beau, et ce que nous admirons aujourd'hui n'est que la meilleure réponse trouvée à la difficulté que rencontraient les bâtisseurs de l'époque : construire des édifices à la mesure d'un Dieu infini.

Partie IV

Les grands courants littéraires

Questions

1. Le romantisme est un courant qui privilégie :
a) les romans
b) l'amour
c) le merveilleux et la nature

2. Le classicisme respecte la règle des trois :
a) unités
b) phrases
c) personnages

3. Une grande querelle littéraire opposa :
a) les classiques et les modernes
b) les classiques et les romantiques
c) les Anciens et les Modernes

4. La poésie des troubadours a pour thème principal :
a) l'angoisse
b) l'amour
c) la nostalgie

5. La poésie pure est :
a) un idéal
b) un projet
c) une définition littéraire

6. La tragédie possède une issue :
a) fatale
b) probable
c) vraisemblable

7. L'art pour l'art :
a) s'inspire du réel
b) s'inspire du rêve
c) méprise le réel

8. Le nouveau roman est :
a) un roman récent
b) un courant littéraire contemporain
c) la rentrée littéraire

9. Le théâtre de l'absurde est :
a) cynique
b) pessimiste
c) nihiliste

10. Le roman policier est-il :
a) un simple récit criminel
b) un texte cachant un sens philosophique
c) un genre mineur

Réponses

1. c)

Le romantisme est un mouvement littéraire qui apparaît au milieu du XIXe siècle en Allemagne, et dont la signification doit être replacée dans son contexte pour être clairement comprise. Au début du XIXe siècle, c'est la philosophie des Lumières héritée du siècle précédent qui a marqué l'évolution des esprits. Venant de celle-ci, des idées comme la foi dans le progrès, la confiance dans les pouvoirs de la raison, l'idée que la science finira par tout expliquer un jour, et le rejet de la tradition religieuse se sont répandues parmi toutes les assemblées de lettrés et de savants. Elles imprègnent tous les cercles où se fait la culture : poètes, écrivains et artistes. Le romantisme est un mouvement dont la principale origine est le rejet des valeurs défendues par les Lumières, et c'est dans cette perspective qu'il faut le comprendre. Au respect de la science et au triomphe du rationalisme (l'idée que la raison peut tout expliquer), les romantiques préfèrent le mystère, l'idée que les choses nous échappent et que l'intelligence à elle seule est incapable de rendre compte de la complexité du monde. Pour cette raison, il vont faire l'éloge de la nature, mais de la nature sauvage, tourmentée : les montagnes, les tempêtes, en bref toutes les circonstances qui rappellent à l'homme qu'il n'est rien en face des éléments. C'est le cas par exemple des tableaux de Caspar David Friedrich (1774-1814), comme *Le Voyageur au dessus de la mer de nuages*, qui montre un homme seul au sommet d'une montagne en train de contempler l'immensité du ciel qui s'étend devant lui.

La deuxième conséquence est un retour vers le merveilleux, considéré comme supérieur à la connaissance. En effet, le monde issu de la pensée des Lumières est un monde froid, sans zones d'ombre : il y a ce que nous savons et ce que nous attendons de savoir. Rien n'est inexplicable, la science finira un jour par rendre compte de tout. Les romantiques vont, ici encore, aller à l'encontre de ce mouvement, et à un univers désenchanté d'où le merveilleux et la poésie ont disparu, ils vont préférer un monde plein de ténèbres et de secrets. Dans la production littéraire, c'est ce qui se constate par l'apparition du fantastique. Tel est le cas dans *Le Château d'Otrante* de l'Anglais Horace Walpole (17717-1797), où les morts reviennent à la vie et les armures volent dans les airs. De même, les récits du Français Charles Nodier (1780-1844) représentent autant de tentatives pour pallier l'absence de merveilleux dans le quotidien : dans *L'Histoire du roi de Bohême* et de ses sept châteaux, il décrit un univers féérique, où les hommes croisent fréquemment des créatures tout droit sorties de l'imagination (elfes et ogres par exemple). Enfin, l'avenir ne leur plaisant pas, ils vont lui préférer le retour au passé, et particulièrement au Moyen Age, l'époque des sorcières et des contes. Ainsi Walter Scott (1771-1832) et ses romans de chevalerie vont connaître un triomphe dans toute l'Europe, et seront la référence de toute une génération d'écrivains, depuis Victor Hugo (1802-1885) jusqu'à Alexandre Dumas (1802-1870).

Mais c'est aussi grâce aux romantiques que le Moyen Age va retrouver sa noblesse et que l'on va de nouveau s'y intéresser. La raison en est simple : pour les Lumières, la condamnation du Moyen Age est avant tout politique. A cette période, le régime est féodal, donc basé sur une inégalité que la Révolution française a fini par abolir. Le rejet du Moyen Age est général : les cathédrales sont laissées à l'abandon, le folklore populaire est méprisé, la littérature médiévale reste inconnue. En remettant à l'honneur le passé, les romantiques vont lutter pour sauver les ruines des abbayes, et surtout vont republier des textes délaissés, comme les chansons des troubadours. Les *Contes* des frères Grimm (1786-1759 ; 1785-1863) reprennent ainsi les légendes issues du folklore médiéval. Le dernier trait qui caractérise le romantisme est une certaine mélancolie, une tristesse ressentie devant un univers désormais froid et rationnel : c'est avec persistance que l'on retrouve le mot « *spleen* » chez les Français – notamment chez Baudelaire (1821-1867) avec *Le Spleen de Paris* –, le terme provenant du nom de l'Anglais Lord Spleen, lequel était réputé pour son humeur constamment mélancolique. Ces traits ne peuvent à eux seuls résumer l'extraordinaire profusion du romantisme, mais ils sont les principaux aspects de ce mouvement, d'une réaction désespérée face au progrès et à la vision technique du monde qui se dessinait à l'horizon de l'histoire.

2. a)

La littérature classique est le résultat d'un long travail d'élaboration, au cours duquel on a fixé les règles de ce qui devait être observé en littérature. On peut considérer que c'est au XVIIe siècle que cette doctrine va recevoir sa formulation la plus claire, à travers différents auteurs qui vont fixer les règles du bon goût. En poésie, Boileau (1636-1711) est indéniablement le modèle qui servira de référence à tous ceux qui viendront par la suite. Avec l'*Art poétique*, il décrit les différents types de formes poétiques – ode, élégie – et va énumérer tous les préceptes qu'il faut y respecter, aussi bien en ce qui concerne le choix du sujet que sur les instruments poétiques que l'auteur doit utiliser. Il privilégie l'alexandrin (vers de douze syllabes) sur tous les autres. Il considère également qu'au sein d'un poème la construction du vers doit être parfaitement harmonieuse. Il va ainsi proscrire des figures de style couramment employées jusqu'alors.

Il refuse l'enjambement (lorsqu'un vers déborde sur le vers suivant pour être complet : « *Et si jamais je viens, ce sera pour vous voir // Demain* »), ainsi que le rejet (lorsque le vers débute à la fin du vers précédent : « *Pourquoi // Faudrait-il qu'un jour nos yeux ne se voient plus* »).

Les constructions métriques doivent être parfaites : chaque vers doit comporter une césure à l'hémistiche, c'est-à-dire que la phrase doit marquer une pause exactement au milieu du vers, à la sixième syllabe (hémistiche) : « *Si jamais je reviens // Ce sera par amour* ».

Enfin il faut que les rimes qui terminent les vers soient toujours une alternance de rime féminine (en *e*) et masculine (sans *e*).

Dans la production théâtrale, on va reprendre les règles d'Aristote, qu'il décrit dans son ouvrage intitulé *Poétique*. La plus célèbre, et qui sera l'objet d'une querelle majeure avec les romantiques, est celle dite « des trois unités ». Elle énonce que dans une pièce de théâtre (tragédie ou comédie), il faut respecter une unité de lieu (tout doit se passer au même endroit), une unité d'action (la pièce commence avec une situation et doit se conclure avec l'accomplissement de cette action) et une unité de temps (tout doit avoir lieu et être fini en vingt-quatre heures). Cette règle est destinée à favoriser la cohérence des œuvres, et aucune pièce n'y déroge, qu'il s'agisse de Corneille (1606-1684), de Molière (1622-1673) ou de Racine (1639-1699). Les scènes se doivent également de respecter le bon goût, et de ce fait on exclut les violences ou les crimes sur la scène : ils doivent être suggérés, mais jamais mis en scène directement. Pour cette raison, et jusqu'au XVIIIe siècle, le théâtre de Shakespeare restera considéré comme barbare par les Français, car beaucoup trop brutal et violent. Les excès de langage - termes triviaux - sont de même évidemment exclus ; à aucun moment le langage ne doit s'éloigner de ce qui est parlé à la cour. Car derrière les règles du classicisme, c'est la cour, et surtout le roi Louis XIV, que l'on cherche à séduire : les *Fables* de La Fontaine (1621-1695) sont dédiées au dauphin (fils aîné du roi). Enfin, le classicisme se caractérise également par le choix de sujets tirés principalement de l'Antiquité : fables du Grec Esope (Ve siècle av. J.-C.) pour La Fontaine, comédies de Plaute (254-218 av. J.-C.) pour Molière. Les classiques considèrent en effet que l'Antiquité a donné au monde des chefs d'œuvres absolus et insurpassables. En conséquence, la seule façon d'élever la littérature de leur époque jusqu'au niveau des Anciens est de copier leur style et leurs manières. Le classicisme se veut donc un mouvement fondé sur l'imitation parfois pure et simple – des scènes entières de Molière sont de simples traductions des textes latins de Plaute –, parce que seule l'imitation de la perfection pourra amener à l'immortalité les œuvres des Modernes. Le but n'est donc pas d'innover ou de créer, mais de reproduire en essayant de faire aussi bien pour égaler les modèles.

3. c)

La querelle des Anciens et des Modernes vient des règles mêmes sur lesquelles s'est construit le classicisme. L'imitation des Anciens, le respect scrupuleux des thèmes et des personnages de l'Antiquité, finissent par déplaire à certains. Ils considèrent qu'en agissant de la sorte, c'est la valeur même des œuvres que l'on conteste. En effet, si une œuvre, pour être réussie, doit être une imitation plus ou moins parfaite de ce qui a déjà été fait, cela entraîne qu'il n'est pas possible de créer quoi que ce soit d'original, puis, dans un deuxième temps, que la valeur des œuvres est pour toujours annexée à une époque lointaine et révolue. La querelle va éclater lorsque l'Académie posera la question : « *Est-il possible de traiter un sujet à la manière des Anciens ?* ». Boileau affirme que oui, et il entreprend d'écrire une *Ode sur la prise de Namur*, qui célèbre une victoire du roi dans le style antique. L'écrivain Charles Perrault (1628-1703), lui, va au contraire défendre la qualité de la littérature moderne. Il va affirmer que les œuvres des classiques ont une valeur au moins égale à celle de leurs prédécesseurs antiques, et même – ce qui sera à l'origine de la querelle –, que les œuvres de leur époque sont supérieures à celles de l'Antiquité. Cette affirmation fit réagir tous ceux qui voyaient chez les Anciens des modèles insurpassables, et c'est ainsi que se forma une opposition résolue entre les admirateurs de ces derniers et ceux qui voulaient désormais donner la primauté à la création littéraire de leur époque.

A travers cette querelle, c'est le désir de donner une liberté plus grande à la création qui se fait jour, dont l'illustration la plus forte est l'opposition entre romantiques et classiques. Depuis longtemps, en effet, les règles que les classiques avaient érigées en absolu, en particulier celle des trois unités au théâtre (voir question précédente), semblaient aux yeux des écrivains des contraintes inutiles. Stendhal (1783-1842), citant l'exemple du tragédien anglais dans son livre *Racine et Shakespeare*, montre que le théâtre peut parfaitement se libérer de ces règles sans pour autant que la rigueur de la dramaturgie en souffre. De leur côté, les tenants des règles classiques, majoritaires à l'Académie française, se moquent volontiers de ceux qu'ils appellent « romantiques » avec mépris. Comme le relate Stendhal, lorsque dans une séance le terme « romantique » apparut à l'ordre du jour du dictionnaire de l'Académie, c'est une véritable bordée de moqueries qui fut adressée au mouvement. Le point culminant de cette querelle va avoir lieu lors d'une première, donnée en l'honneur de la pièce de Victor Hugo, *Hernani,* qui reste l'épisode décisif marquant le triomphe des romantiques. Dans cette pièce Hugo avait en effet volontairement franchi tous les interdits défendus par les classiques : la pièce, écrite en vers, comprenait d'innombrables enjambements. L'action, au lieu de se dérouler en vingt-quatre heures, s'étirait sur plusieurs mois, etc. Le soir de la première, chaque camp avait envoyé ses fidèles les plus dévoués défendre leur cause : les romantiques se tenaient prêts à tout face à des classiques qui ne demandaient qu'à en découdre. Dès les premières scènes, les classiques huèrent la pièce, et à chaque fois que Hugo se permettait une liberté la salle retentissait de sifflets. Les romantiques, exaspérés par cette manifestation sonore, se tournèrent vers les classiques présents dans la salle, et rapidement tout le monde en vint aux mains. La pièce fut rejouée le lendemain malgré ces débuts mouvementés, et remporta un triomphe grâce à la publicité que lui avait fait la bataille du premier jour.

4. b)

Ces termes désignent les poètes qui firent leur apparition durant les premiers siècles du Moyen Age. Leur tradition est, semble-t-il, largement tributaire des sources d'inspiration arabes, ce qui est compréhensible étant donné que beaucoup d'entre eux participèrent aux croisades. Les thèmes des troubadours sont constants et se répètent durant près de deux siècles. La constante la plus frappante est ainsi le thème de l'amour, qui constitue une source d'inspiration quasi-exclusive. La dame qui occupe la pensée des poètes est sage, prudente, courageuse et généreuse. Le contrepoint immédiat qui se retrouve lui aussi dans toutes leurs œuvres est la façon dont l'auteur parle de lui-même : s'il parle de lui, c'est systématiquement pour se dénigrer, se rabaisser et dire qu'il n'est pas digne d'elle. La concrétisation amoureuse n'est jamais évoquée, la poésie des troubadours est faite d'espérance et d'attente, mais jamais elle ne parle d'un bonheur partagé. La dame semble si lointaine et le poète si misérable que leur rencontre paraît à tout jamais compromise. C'est Denis de Rougemont (1907-1974) qui, dans son ouvrage *L'Amour et l'Oc-*

cident, a proposé une des interprétations les plus originales de ce style poétique. Pour lui, il est tout d'abord possible que la poésie des trouvères ait été avant tout un éloge de l'amour, c'est-à-dire de l'adultère. L'amour, en effet, s'il est de nos jours une valeur dont tout le monde se réclame, et si aucune union n'est plus envisagée sans sa présence (le « mariage d'amour »), était au contraire une valeur méprisée au Moyen Age. L'amour, comme chez les Anciens grecs, était en effet considéré comme une passion, presque une maladie, face à laquelle il n'existait aucun remède, et qui devait fatalement conduire ceux qui y succombaient à une fin tragique, la mort ou la souffrance. Face à lui, le mariage apparaissait alors comme la seule solution : mariage et amour n'étaient pas seulement distincts, mais l'absence d'amour était même la condition indispensable d'un mariage réussi. L'Eglise défendait donc le mariage et se battait contre la passion, dangereuse pour l'équilibre social, contraire à l'ordre voulu par Dieu, et dont les éclats ne pouvaient qu'indiquer une origine diabolique. En faisant l'éloge de la dame, les troubadours dressaient donc l'apologie de l'adultère, seule solution pour parvenir à s'approcher de la dame de ses pensées.

Denis de Rougemont analyse le meilleur exemple de ce combat dans l'ouvrage *Tristan et Iseult*. Le couple auquel appartient Iseult est celui du mariage, et donc de la raison : ils sont unis par un lien approuvé par l'Eglise et par Dieu. Sitôt que Tristan apparaît, en revanche, c'est la passion qui prend le pas et qui amène avec elle son cortège de douleurs : le mensonge, l'adultère, et surtout la mort, seule issue possible pour ceux qui choisissent de vivre dans le péché. La poésie trouvère s'inscrirait donc en réaction contre cette vision du monde : elle fait l'éloge de l'amour et célèbre l'adultère contre le mariage, l'amour contre la raison, le sentiment contre l'ordre établi. La dame serait donc une métaphore pour la femme qui s'est déjà engagée dans le mariage, ce qui explique qu'elle soit toujours décrite comme inaccessible et lointaine. Néanmoins, en chantant l'amour, les troubadours donnent à la poésie une de ses plus riches sources d'inspiration, encore présente chez Verlaine comme elle le fut au XIe siècle.

5. c)

Cette expression revient à l'abbé Bremond (1865-1933), un homme de Dieu qui s'intéressait par ailleurs à la création de son époque, et qui se demandait : comment peut-on définir la poésie pure ? Pour comprendre d'où vient cette question, il faut tenter de suivre les bouleversements qui frappèrent la poésie au XIXe siècle, et en particulier les ruptures que provoquèrent les deux prodiges que furent Rimbaud (1854-1891) et Lautréamont (1846-1870), morts à 37 ans pour le premier et à 24 ans pour le second. Jusqu'au XIXe siècle, la poésie respecte en effet plus ou moins les grandes lignes des principes qui furent érigés en règles par les classiques : elle privilégie l'alexandrin, considéré comme le vers le plus noble, elle évite autant que possible de ne pas faire de césure à l'hémistiche (voir le passage sur les classiques), elle se méfie des images trop audacieuses ou des sonorités trop dures. Au XVIIIe, on assiste ainsi à des œuvres monumentales – quoique oubliées de nos jours –, où des poètes comme l'abbé Delisle écrivent des odes (chants) à la nature en alexandrins sur plus de trois cent pages, avec une alternance parfaite de rimes féminines et masculines.

Cependant, les règles finissant toujours par brider les créateurs, les poètes se mirent à contester ces dernières et à jouer de plus en plus librement avec les contraintes de la métrique. Les vers devinrent ainsi des octosyllabes (huit pieds), décasyllabes (dix pieds), et de moins en moins souvent des alexandrins – voir par exemple les poésies de Jules Laforgue (1860-1887). Puis on se permit des libertés surprenantes : les rimes devinrent ainsi approximatives, c'est-à-dire qu'au lieu de chercher une concordance parfaite (automne/m'étonne), on se contenta de ressemblances parfois mêmes lointaines (automne/pomme), seule les sons voyelles (ici *o* et *e*) étant identiques : c'est le cas de Paul-Jean Toulet (1867-1920), par exemple, dans ses *Contre-rimes*. La mesure des vers devint irrégulière, au lieu des harmonieux vers pairs, on se mit à préférer les vers de nombre de pieds impairs (heptasyllabes, sept pieds ; quintasyllabes, cinq pieds), dont la sonorité irrégulière provoque un décalage étrange dans les sonorités. Paul Verlaine (1844-1896) est incontestablement le champion de cette catégorie, lui qui recommande aux auteurs dans son poème *Art poétique : « Et pour cela préfère l'impair // Léger et plus soluble dans l'air »*.

Mais c'est surtout avec l'abandon de toute mesure métrique que l'on fit basculer définitivement l'ancienne poésie vers la moderne. Désormais, nombre de poètes se mettent à écrire en « vers blancs » : ces derniers sont comme des phrases de prose séparées par des blancs (d'où leur nom), ils n'ont aucune mesure précise (trois pieds, puis neuf, puis cinq puis douze), et les poètes ne se donnent parfois même plus la peine de les faire rimer. C'est dans cette évolution que s'inscrivent Rimbaud et Lautréamont, inconnus de leur vivant et devenus célèbres grâce aux surréalistes. Lautréamont bouleversa la poésie en ne se privant pas d'évoquer toutes sortes de thèmes particulièrement noirs, que personne avant lui n'avait osé dépeindre : le meurtre, l'amour de la violence et du sang. Mais il est aussi le premier à avoir associé des éléments absolument étrangers entre eux, comme si la poésie avait le droit d'imaginer tout ce qu'elle voulait. Il décrit ainsi longuement dans les *Chants de Maldoror*, son unique livre de poèmes, l'accouplement entre un homme et un requin, comme s'il s'agissait d'une étreinte passionnée entre deux amoureux. La poésie de Lautréamont est servie par une prose impeccable, caractéristique qu'elle partage avec les poèmes de Rimbaud, écrits eux aussi pour la plupart en prose. Rimbaud, après avoir commencé par des poésies très classiques, en vint rapidement à vouloir faire exploser toutes les contraintes poétiques. Dans ses deux derniers livres, les *Illuminations* et *Une saison en enfer* (écrits avant ses 22 ans), il laisse ainsi vagabonder son imagination dans des suites de scènes où toute compréhension doit être abandonnée : le lecteur doit se laisser entraîner par la magie des images poétiques et des trouvailles de l'auteur en renonçant à vouloir comprendre ce que peut vouloir dire « *la fille à la lèvre d'orange* » par exemple. La poésie pure, telle qu'elle est décrite par l'abbé Bremond, reprend donc la somme des ruptures que la poésie a connues en moins d'un siècle, et déclare que les poètes n'ont désormais plus besoin de respecter la métrique ou les sonorités, qu'ils n'ont même plus besoin de vouloir se faire comprendre ou de suivre des constructions d'ordre logique. C'est justement le privilège de la poésie d'exister toujours là où on ne l'attend pas, en dehors de toute forme et de toute contrainte. On parle alors de poésie pure.

6. a)

La tragédie est à l'origine une invention grecque, dont il n'existe aucun équivalent dans les traditions littéraires antérieures. Les premières tragédies étaient des écrits dont la signification et la portée étaient essentiellement religieuses. En effet « tragédie » signifie étymologiquement « chant du bouc », ce qui se comprend mieux lorsqu'on sait que c'est durant des fêtes en l'honneur de Dionysos, le dieu à tête de bouc, qu'elles étaient organisées. Le tragédies étaient présentées sous la forme d'un concours : chacune d'entre elle comprenait trois volets : les tragédies de Sophocle sont toutes des triptyques, forme obligatoire que devait respecter l'auteur qui désirait concourir. A la fin des fêtes, un jury devait choisir celle qui était la meilleure, et l'auteur qui avait totalisé le plus de voix devenait le tragédien de la Cité jusqu'à l'année suivante. Selon la légende, Sophocle n'a jamais perdu une seule fois le concours. Par ailleurs, il faut savoir que nous ne possédons de lui que sept œuvres, ce qui n'est rien au regard des cent tragédies qu'il est supposé avoir écrites, et dont la trace nous est probablement à jamais perdue. L'esprit des tragédies est profondément religieux, puisque ces pièces n'étaient pas du tout du théâtre pour les Grecs, mais bel et bien une forme de culte rendu aux dieux. Elles servaient à enseigner aux hommes comment il fallait agir pour éviter de leur déplaire. Le thème tragique est donc celui de l'humanité en prise avec les divinités : soit parce que les dieux se sont sentis offensés par un humain (Œdipe), soit parce qu'un de leurs parents a déplu aux dieux et que les descendants doivent continuer de souffrir pour la faute de leur aîné (Antigone). La lutte entre les dieux et les hommes se termine invariablement par la défaite de ces derniers ; face aux Immortels, tout puissants, les hommes ne peuvent pas résister, et c'est dans les tragédies que se trouve décrit avec le plus de finesse l'impossible combat entre l'humanité et des forces qui la dépassent. La vision du monde qui ressort de la tragédie est donc la suivante : l'homme est le jouet du hasard et du destin, il est victime des événements et ne peut rien contre l'avenir que les dieux ont choisi pour lui. Ce sont ces grandes lignes qui ont donné au mot « tragédie » le sens de drame contre le destin avec une issue fatale et inéluctable ; alors que pour les Grecs, la tragédie n'est originellement rien d'autre qu'un avertissement destiné à rappeler aux hommes leur véritable place face aux dieux. Néanmoins, lorsque la forme tragique refera son apparition dans la littérature classique, c'est l'idée d'une marche inexorable des événements vers un dénouement de douleur que l'on retiendra des Grecs. Car, pour les classiques, il est impossible de reprendre exactement les thèmes grecs : la civilisation chrétienne a fait de Dieu un être de bonté et de pardon. Impossible alors de le décrire comme un monstre qui condamne les hommes à la souffrance sans leur donner une chance de salut. Le moyen que Corneille et Racine vont alors trouver pour faire revivre la tragédie antique dans sa splendeur va être de remplacer les dieux par des puissances tout aussi irrésistibles, et qui amènent tout aussi sûrement les hommes vers le malheur et la souffrance. Pour Corneille, ce sera principalement la vertu, le respect de la parole donnée et de la droiture. Dans *Horace*, le père envoie sans sourciller ses trois enfants à la mort ; sa fidélité à l'ordre exige des sacrifices et cause des malheurs égaux à ceux des divinités. Pour Racine, ce sont les sentiments qui provoqueront des ruptures et des drames : les sentiments sont comme les dieux grecs, ils se rendent maîtres de ceux qui les subissent, ils les gouvernent aveuglément, et ils s'acheminent inexorablement vers des issues dramatiques. La raison, qui seule pourrait rétablir l'ordre des choses, n'a plus sa place dans le cœur de ceux qui sont vaincus par l'amour (*Andromaque*) ou par la grandeur (*Bérénice*). La tragédie change alors de signification sur la forme, mais conserve dans le fond son premier sens, celui de dépeindre l'histoire d'hommes en prise avec des événements qui les dépassent et les conduisent peu à peu vers le malheur sans qu'il leur soit à aucun moment possible de choisir une autre issue.

7. c)

Cette expression désigne la façon dont plusieurs artistes ont conçu le rapport entre la création et la vie. Le problème de l'artiste est en effet de devoir inventer un monde qu'il juge préférable à celui que la vie quotidienne lui propose. Parler d'« art pour l'art » désigne en fait le choix de certains de préférer par dessus tout la création esthétique à la vie quotidienne, de mépriser tout ce qui est vulgaire ou banal, rejeté comme sans intérêt, et de juger que la seule chose qui vaille la peine d'être vécue est la vie de l'artiste. Cette attitude apparaît à la fin du XIXe siècle. Elle naît à une époque profondément marquée par l'essor du commerce, par les transformations industrielles, et par le triomphe de la bourgeoisie. Plusieurs artistes seront ainsi dans une position de rejet profond par rapport au monde qui les entoure. Flaubert (1821-1880), par exemple, s'il n'est pas un défenseur de l'art pour l'art, exprime fréquemment dans ses romans sa haine terrible du bourgeois, considéré comme borné et incapable de comprendre la profonde vérité de l'art. C'est en fait surtout avec les poètes que le mouvement va aller jusqu'à rejeter tout ce qui n'appartient pas au monde de l'art, établissant ainsi une rupture radicale entre sévérité artistique et préoccupations vulgaires. Théophile Gautier (1811-1872), à qui sont dédiées *Les Fleurs du mal*, va ainsi déclarer que *« l'utile est méprisable »*. Tout ce qui appartient au registre pratique est immédiatement jugé trop bas pour intéresser l'artiste : se nourrir et se loger sont des actes qui ne méritent aucune attention, et ceux qui s'attardent à ce genre de préoccupations ne sont pas dignes d'intérêt. Derrière cette attitude apparaît surtout la volonté de faire des artistes une sorte d'espèce à part, vivant en marge du monde et se consacrant à la recherche du beau. Donc, si seul le beau mérite que l'on s'y attache, l'utile est par antinomie le contraire : il appartient au monde courant, celui de la laideur, qui est ce que tout artiste digne de ce nom doit s'efforcer de fuir. A partir du moment où le beau est le seul moteur de l'existence , la conception de l'art pour l'art va franchir une nouvelle étape, qui est de dire que désormais ce n'est pas seulement la recherche du beau qui est importante, mais qu'en plus il faut essayer de faire de sa propre vie une belle œuvre, que l'existence elle-même doit être une création au même titre qu'une œuvre d'art. Ce thème est très présent chez les auteurs de la fin du XIXe siècle, qui vont se mettre à regarder les choses non plus sous un angle moral mais sous leur aspect esthétique uniquement. Thomas de Quincey (1792-1853) va ainsi écrire un ouvrage, *De l'assassinat considéré comme un des beaux-arts*, où il envisage le meurtre non plus dans sa dimension sociale ou juridique, mais uniquement de son point de vue de poète ; un crime est réussi s'il est beau, et les meurtriers ne devraient pas avoir d'autre but que de faire de beaux crimes, qui fassent ressentir à ceux qui les observent un frisson comparable à celui qu'on éprouve en écoutant un belle musique. Dans un de ses ouvrages, *A rebours*, le Français Huysmans (1848-1907) décrira ainsi la vie du poète Des Esseintes, qui fait de sa vie une œuvre d'art, où tout est étudié pour être conforme à son sens du beau. Si jamais le plat que son domestique lui sert à manger heurte son sens esthétique, il va demander à ce que celui-ci lui rajoute des légumes de telle ou telle couleur pour que son assiette soit plus jolie à observer. Si un bouquet de fleur est agréable à regarder mais n'a pas d'odeur, il va y verser des parfums artificiels pour qu'il soit digne de rester dans son salon. Car l'autre aspect de l'art pour l'art est un rejet de tout ce qui est naturel – horrible et vulgaire –, auquel on va préférer tout ce qui est créé de main d'homme, exactement comme le poète préfère le monde qu'il invente à celui dans lequel il vit.

Baudelaire est un de ceux chez qui le rejet de la nature a atteint son paroxysme, puisque rien dans la nature ne trouve grâce à ses yeux. Dans le premier sens, la nature (arbres, forêts) est monstrueuse : elle est inquiétante, elle n'est pas la véritable demeure de l'homme et rien n'est plus angoissant que de se trouver seul dans la nature. Preuve en est, l'homme n'a de cesse de modifier son environnement pour le faire ressembler à son image : c'est donc bien qu'il n'est pas fait pour vivre dans la nature, et qu'il ne se sent à l'aise que lorsqu'il a réduit celle-ci à sa plus simple expression (à peine quelques arbres dans un jardin public). L'artiste va donc préférer les villes (*Spleen de Paris*), la poésie des rues à celle qui est d'inspiration bucolique (champêtre). Ensuite, c'est la nature au sens de « nature humaine » que le poète méprise. Etre naturel, c'est agir conformément à ses instincts, sans aucun raffinement : boire quand on a soif, s'asseoir si on est fatigué sans regarder si le lieu s'y prête (*Mon cœur mis à nu*). Au contraire, pour le défenseur de l'art pour l'art, il faut toujours étudier son comportement, et n'agir que si l'on est certain que l'attitude que l'on se propose de suivre est compatible avec la recherche du beau. Baudelaire admet donc uniquement des attitudes nobles et recherchées, que l'on se doit de suivre en toute circonstance – crier si l'on a peur est du dernier vulgaire. Il rejette toute manifestation trop spontanée qui exprime la nature humaine dans ce qu'elle a de plus immédiat.

8. b)

Le mot « roman » désigne un récit de fiction – il n'a pas pour vocation de retranscrire le réel – qui s'attache essentiellement à des personnages et à leur évolution dans une situation donnée. Comme l'humain est sa matière, il est naturel que la relation la plus forte entre deux êtres, le lien amoureux, soit devenu le thème par excellence du roman, mais toute autre situation peut être décrite : études sociales – Balzac (1799-1850) –, psychologiques – Zola (1840-1902) –, historiques, etc. A l'origine le roman est un genre mineur de la littérature, beaucoup moins considéré que la poésie ou le théâtre. Il tire son nom de la langue romane, c'est-à-dire de la langue vulgaire par opposition au latin.

Au XVIIe siècle, *L'Astrée*, un récit pastoral qui raconte les amours de différents personnages dans un environnement bucolique, va déterminer le schéma de roman type. Il s'agit d'une relation amoureuse, nourrie de péripéties et de rebondissements (ruptures, retrouvailles), pour laquelle le public se passionne. *L'Astrée* est également un succès commercial, puisque tous les lecteurs de l'époque le connaissent. Le texte est long (l'original compte près de douze volumes), mais le schéma restera celui du roman jusqu'au XXe siècle. Au XIXe siècle, le fantastique fait son apparition en littérature, et l'on assiste alors à une multiplication des thèmes : historiques avec Walter Scott et Alexandre Dumas, sociaux avec Balzac et son étude de la société parisienne faite dans la *Comédie humaine*. Le roman se fait aussi réaliste avec Zola : il n'est plus simplement une étude de personnages, mais il est investi d'un devoir, celui de montrer la vie telle qu'elle est (comme la condition des cheminots dans *La Bête humaine*). Le roman remplit alors un double rôle, à la fois celui d'informer les gens des conditions de vie dramatiques de certaines catégories sociales défavorisées – ouvriers, paysans –, et politique puisqu'à travers le roman et la description poignante de la misère, c'est un appel au changement que réclame Zola. Le roman devient également un outil d'introspection, qui va désormais prendre pour objet l'étude des variations imperceptibles qui se produisent dans l'esprit. Marcel Proust, avec sa *Recherche du temps perdu*, va faire de lui-même son principal objet, et entreprend de décrire sur plus de deux mille pages la moindre nuance que le souvenir d'un lieu peut provoquer dans son esprit. Cet amour du détail et le désir de changer une forme que certains jugent trop conventionnelle et sans intérêt, vont conduire un groupe d'écrivains français à proposer, dans la fin des années soixante, de changer les règles d'écriture pour donner naissance à ce qu'ils décident d'appeler le « nouveau roman ». Celui-ci se caractérise par la destruction des notions de personnage et d'analyse psychologique. On y trouve en revanche des descriptions extrêmement minutieuses, cela afin de changer la perspective traditionnelle : la narration ne s'intéresse plus à la trame du récit, à l'intrigue, mais s'arrête au contraire sur ce que les précédents romans ne disent pas. Selon la formule de Jean Ricardou, le roman doit moins être « *l'écriture d'une aventure que l'aventure d'une écriture* ».

9. c)

Ce courant apparaît à la fin des années cinquante en France, à travers les textes de deux auteurs étrangers mais qui ont choisi d'écrire en français, Samuel Beckett (1906-1989) et Eugène Ionesco (1912-1994). Leurs écrits reflètent le sentiment qui s'empare des esprits à la fin de la Seconde Guerre mondiale : un profond bouleversement dans un ordre du monde qui, croyait-on jusqu'alors, avait un sens, guidé par des valeurs de paix et de progrès. Autant la fin de la guerre de 14-18 avait pu provoquer chez les écrivains d'alors une volonté farouche de tout remettre en cause et d'inventer de nouvelles formes, autant le sentiment qui domine après 1945 est celui d'un profond découragement et d'un certain désespoir devant le sens de la vie et la foi qu'on avait jusqu'alors pu placer en l'être humain.

Le monde est en effet à la merci du chaos ; au lieu de l'ordre rassurant que nous nous efforçons de lui donner, il suffit d'une guerre pour que son absurdité se manifeste : à quoi en effet sert donc une guerre ? Quel est le sens de ces millions de morts, qui n'ont rien fait d'autre que de vouloir vivre, et qui ont été tués jeunes alors que leurs assassins parfois ont survécu tranquillement ? Par ailleurs, comment pouvoir désormais se réclamer de l'homme, lorsqu'on a vu à la fin de la guerre ce que certaines personnes étaient capables d'infliger à leur prochain ? Des hommes ont tué, torturé, parfois exterminé en masse leurs semblables : est-il encore possible dans ces conditions de parler encore de fraternité, d'amour ou d'espérance ?

C'est sur ce terrain que le théâtre de l'absurde va s'édifier, tâchant de mettre en scène la perte complète des repères qui frappe la société d'après-guerre. Le théâtre de Ionesco est ainsi gouverné par l'angoisse face à la mort. L'homme doit vivre, il doit donc mourir, et il ne sait pas pourquoi. L'absurde naît de ce constat : l'homme est obligé de remplir une existence vouée au néant, et cela sans qu'aucune réponse ne puisse jamais être donnée aux questions qu'il se pose sur le sens de cette vie. Y a-t-il une vie meilleure qu'une autre ? Comment vivre en sachant que chaque instant nous rapproche du néant, et faire semblant d'y croire alors que nous savons à l'avance que tout est perdu ? C'est dans sa pièce *Le Roi se meurt* que Ionesco a peut-être montré avec le plus d'acuité le cheminement vers la mort, à travers la figure d'un roi, qui voit peu à peu son empire disparaître autour de lui, métaphore de cette vie qui se réduit comme une peau de chagrin autour de nous à chaque instant . Le roi de Ionesco, c'est l'homme : il est maître de cette vie, et pourtant son royaume est illusoire, voué à la disparition. A la fin, devant les ruines du château, un guide qui fait visiter les murs à ce qu'on suppose être des touristes, explique : « *Il y a très longtemps, la légende raconte qu'un roi vivait ici. Mais ce roi n'a jamais existé.* » Ce qui est une manière de dire que devant l'érosion du temps, rien ne peut résister, personne ne peut prétendre laisser une empreinte durable, aucun édifice ne peut résister au temps qui inexorablement finira par tout engloutir dans son néant.

Samuel Beckett, lui, se penche davantage sur la vanité des efforts humains : fatigués, incapables de la moindre action, perdus dans des souvenirs devenus inutiles, ils sont le constat de l'inutilité de tout effort, et de la vacuité de toute action. Dans sa pièce la plus célèbre, *En attendant Godot*, Beckett met ainsi en scène deux vagabonds qui attendent un troisième compagnon, Godot, lequel restera invisible jusqu'à la fin de la pièce. L'interprétation la plus fréquente de cette œuvre est fondée sur le nom du personnage, Godot : Beckett était Irlandais, il n'ignorait donc pas que *God* signifie Dieu. La pièce décrirait donc l'attente des hommes - des clochards -, perdus et incapables de décider, misérables sans but ni grandeur, qui espèrent indéfiniment qu'une présence vienne les réconforter. Pourtant, celle-ci reste toujours absente, n'existant que dans l'attente et la parole ne répondant pas aux appels qu'on lui adresse.

10. b)

Le premier roman policier est peut-être la tragédie de Sophocle, Œdipe roi. En effet, on trouve réunis pour la première fois dans cette pièce les éléments qui constituent la base du genre : une victime, des indices et des témoins, et un criminel que l'on va s'efforcer de trouver et de châtier (voir question 6). La trame de l'intrigue est la première manifestation connue de ce genre. Par la suite, il faudra attendre le XIXe siècle pour que le « roman policier » redevienne à la mode : il aura donc disparu complètement pendant plus de 2 000 ans...

On doit principalement le renouveau de ce type de récit à l'écrivain américain Edgar Allan Poe. Il écrit ainsi des nouvelles policières qui, traduites par Baudelaire, serviront de modèle à des générations d'écrivains. La situation, dans ces textes, suit un schéma précis. Tout d'abord, la solution du crime est généralement un défi à l'intelligence. On trouve une vieille femme assassinée dans un lieu fermé de l'intérieur, sans issue possible, et d'où le meurtrier est parti sans laisser de traces (*Double assassinat rue Morgue*). Ensuite, la figure du détective est celle d'une personne qui analyse la situation uniquement d'un point de vue rationnel, et dont l'intelligence est le seul instrument servant à retrouver le coupable. Il ne se rend pas nécessairement sur les lieux, n'interroge pas les voisins : bref, le héros du roman policier chez Edgar Allan Poe n'est pas un employé de la police, mais se présente davantage comme un être solitaire et méditatif. Enfin, sa méthode privilégiée est celle de la déduction logique, qui, par étapes successives, permet à l'enquêteur d'accumuler tous les indices nécessaires à l'arrestation du coupable. La finesse de sa réflexion est telle qu'elle lui permet de tirer des conséquences logiques de faits n'ayant apparemment aucun rapport les uns avec les autres, et de reconstituer mentalement tout ce qui s'est réellement produit, jusqu'à la conclusion où toutes ses hypothèses se révèlent rigoureusement exactes (il se fait confirmer par un marin que l'assassin de la rue Morgue est en réalité... un grand singe : aucun être humain n'aurait eu l'agilité nécessaire pour fuir le lieu du crime).

Le roman policier se présente donc tout d'abord comme une recherche intellectuelle pure, où la logique seule permet de relier entre eux des éléments disparates. L'intelligence y apparaît plus importante que les faits : elle donne un ordre à ce que les autres policiers (professionnels) ne parviennent pas à comprendre en raison de l'intérêt excessif qu'ils portent aux éléments matériels. Les nouvelles policières sont donc implicitement, chez E. A. Poe, un éloge de la réflexion, seule faculté capable d'ordonner le monde. Ensuite, l'enquête elle-même peut sembler une métaphore de l'activité artistique. Le héros est solitaire, avons-nous dit, il est un être nocturne (l'enquêteur de Poe, Duchamp, ne vit que la nuit), il se trouve face à une énigme qu'il va devoir résoudre. La supériorité de sa démarche intellectuelle sur les faits est comme un rappel de l'importance supérieure de l'activité créatrice sur les éléments matériels (on dit que Poe pensait qu'il était possible de résoudre une enquête à distance, simplement en ayant connaissance de tous les indices). Le roman policier, chez Poe, serait ainsi un moyen de souligner le fait que l'artiste, figure marginale et asociale, possède en réalité le secret des choses bien plus que les individus qui sont persuadés d'évoluer dans le réel mais qui manquent de recul et d'envergure (à travers la figure des inspecteurs, qui restent incapables de comprendre quoi que ce soit).

Ces schémas, désormais indissociables du genre, seront ensuite repris avec succès par l'écrivain anglais Arthur Conan Doyle, à travers la figure de Sherlock Holmes. Doyle emprunte en fait à Poe la quasi totalité de ses inventions : le héros et son compagnon (Holmes et Watson), la capacité à reconstruire des explications cohérentes par la logique, le côté non-professionnel (Holmes aide la police mais n'est pas policier), etc. Sherlock Holmes mène toute son enquête par déductions, en ne laissant jamais de côté un seul élément, le plus minime soit-il (la terre sous les semelles, des allumettes brûlées...). Il s'exerce régulièrement à faire travailler son esprit, et arrive ainsi à déterminer par la seule vue d'une personne la profession qu'elle exerçait. Dans Le Signe des quatre, par exemple, il parvient, en regardant un individu marcher dans la rue, à savoir qu'il était officier dans l'armée et qu'il avait servi en Inde, et ce grâce à l'observation d'une suite d'indices (démarche, tissu des vêtements, forme des mains...). Tout comme la logique était fondamentale pour Poe, chez Doyle ce seront les données scientifiques qui deviendront primordiales. Sherlock Holmes conduit ses enquêtes avec la rigueur d'un physicien ou d'un mathématicien et s'interdit toute conclusion hâtive. Doyle souligne ainsi la capacité de l'esprit à établir des chaînes de raisonnements causales indubitables par le simple respect de la méthode utilisée en science. Il s'agit également de montrer que la rigueur des savants peut aborder tous les domaines, et que, tout comme en physique, elle est capable de donner une réponse à tous les problèmes que peut rencontrer l'esprit humain. Doyle a foi dans les pouvoirs presque infinis de la science, et ce n'est pas un hasard si l'un de ses autres héros est un chercheur (le professeur Mortimer).

Le roman policier, loin d'être un genre mineur, est à l'origine un hommage rendu aux pouvoirs de l'intelligence et aux capacités de déductions de l'esprit qui, quelles que soient les difficultés, finit toujours par trouver la clé logique pour résoudre les problèmes. Le genre a ensuite conservé cet aspect dans les romans d'Agatha Christie, puisque c'est aussi par la réflexion que son héros, Hercule Poirot, finit par démasquer le coupable. Mais la démarche est cette fois-ci moins rigoureuse : elle comporte une part de psychologie et d'intuition que n'aurait pas admise Sherlock Holmes. L'aspect scientifique s'éclipse dans cette nouvelle génération d'enquêteurs, même si la logique conserve encore un rôle important, et que la plupart de ses romans sont des canevas où la résolution de l'intrigue l'emporte sur les personnages, presque inexistants. C'est uniquement à partir des années trente que le roman policier se transformera en un autre genre, le « roman noir », dans lequel l'intérêt pour la vie des gangsters prend le pas sur la pure intelligence déductive.

Partie V

Notions et figures

1. Quelques notions

Questions

1. L'angoisse, pour Kirkegaard, est le signe de :
a) l'inquiétude
b) la pensée
c) le remords

2. La dialectique est une invention :
a) grecque
b) soviétique
c) chinoise

3. Etre épicurien c'est :
a) savoir bien vivre
b) éviter le trouble
c) vivre sans craindre la mort

4. L'herméneutique est proche de :
a) l'exégèse
b) la glose
c) l'interprétation

5. La maïeutique est :
a) une forme politique
b) l'art de bien penser
c) l'accouchement des esprits

6. Machiavel est un :
a) homme politique
b) philosophe
c) historien

7. On est stoïque lorsque l'on :
a) résiste à la douleur
b) ne pleure pas
c) fait la part des choses

8. La raison constitue :
a) la base du lien politique
b) le signe de notre humanité
c) le fondement du discours

Réponses

1. b)

Le concept de l'angoisse est généralement perçu comme un sentiment de peur intense, ressenti devant des événements ou des pensées (la mort, le temps...). La valeur d'un tel sentiment paraît connotée de manière très péjorative, et aucun bienfait ne proviendrait *a priori* d'une peur si forte qu'elle semble davantage paralyser la réflexion que lui permettre de progresser. Pourtant, parmi les philosophes, l'angoisse a été dotée d'une signification tout autre, et cela dès le début de la réflexion grecque. Ainsi l'angoisse socratique est-elle le sentiment du premier des sages, qui évoque alors l'impression que l'esprit éprouve lorsqu'il entrevoit en lui-même certaines perspectives, telles que le sens de son existence. C'est donc en fait par l'angoisse que se manifeste l'apparition de la pensée ; en réalité, celui qui fait l'effort de réfléchir doit éprouver ce sentiment, ou bien c'est qu'il n'a pas eu le courage de pousser la réflexion aussi loin qu'il aurait fallu.

Mais c'est surtout avec un auteur danois, Söeren Kirkegaard (1813-1855), que l'angoisse va recevoir son véritable statut philosophique. Dans *Le Concept d'angoisse*, l'auteur va ainsi distinguer deux types d'existence. Faisant allusion à son propre passé, le philosophe évoque la vie du séducteur ; celui-ci vit dans l'immédiat, il se satisfait de l'instant et ne cherche ni à prévoir ni à anticiper sur ce que la vie lui apporte. Le sens d'une telle vie est justement de fuir devant l'angoisse : pour ne pas avoir à affronter la responsabilité de vivre, le séducteur fuit perpétuellement le problème de sa propre existence, il refuse d'assumer la responsabilité de vivre. Or l'expérience de l'angoisse est l'étape indispensable pour qu'un individu passe du stade de séducteur à celui d'homme mûr. Car en faisant l'expérience de celle-ci, c'est la découverte de sa propre mort que fait l'individu. Soudainement, il s'aperçoit que la vie ne se compose pas d'une succession d'instants vécus dans l'émiettement et le fragment, mais d'un chemin qui le conduit peu à peu vers la mort. A ce moment, l'angoisse est double, puisque dans un sens elle met un terme à la superficialité et à la frivolité, tandis que de l'autre elle permet à celui qui l'éprouve de pouvoir enfin vivre vraiment. Car, après la découverte de l'angoisse, se pose en effet une question nouvelle : comment puis-je vivre ma vie pour que celle-ci soit digne d'être vécue ? La réponse, d'après Kierkegaard, est d'accepter de faire l'expérience de la répétition. Qu'est-ce à dire ? Que les êtres qui vivent au stade du séducteur ne supportent pas la répétition, ils veulent se donner l'illusion de ne pas vieillir dans le changement. En revanche, celui qui a découvert l'angoisse comprend que la répétition est le signe du sérieux : accepter que la vie ne soit pas faite que de nouveautés, mais qu'au contraire elle se vit dans une durée où se répètent les mêmes événements, est le signe de la maturité. Au séducteur le philosophe oppose ainsi l'homme marié : ce dernier sait que la personne qui l'accompagne dans l'existence sera à ses côtés pour le restant de ses jours, mais au lieu d'être effrayé par la répétition de l'identique – toujours la même personne –, il l'accepte comme la condition de la vraie vie.

C'est également pour le philosophe allemand Heidegger (1889-1976) que l'angoisse marque le début de la véritable existence spirituelle. En effet, tant qu'il n'a pas médité sur sa propre mort, l'individu vit dans ce qu'il appelle « l'inauthentique ». Ce terme signifie qu'au lieu d'avoir le courage de réfléchir sur le sens qu'il doit donner à son existence, l'homme se réfugie dans un monde de valeurs sans intérêt et sans importance ; il passe ses jours à ne pas se préoccuper de ce qui l'attend, et au lieu de se poser la seule question qui mérite d'être posée - comment vivre ? -, il s'abrite derrière de faux problèmes - comment gagner sa vie ? quel métier choisir ? - afin de ne pas affronter la véritable difficulté. Seule l'angoisse qui apparaît lorsque l'individu se mesure enfin avec l'essentiel, va lui permettre de redonner à ses pensées une tournure où le fondamental l'emportera sur la frivolité. Mais l'angoisse n'est pas pour Heidegger un sentiment destiné à être éprouvé une fois, puis à disparaître par la suite, car celui qui a vraiment compris qu'un jour viendra où il devra mourir conserve cette pensée présente à l'esprit tout le temps. Une véritable compréhension de la finitude humaine fait que l'angoisse ne quittera plus l'esprit de celui qui l'a connue une fois. L'angoisse est donc la sentinelle qui réveille la vigilance de l'esprit à chaque fois que celui-ci serait tenté de se détourner de l'essentiel. Faire disparaître l'angoisse serait au contraire plus grave que bénéfique : ce serait courir le risque de laisser filer sa vie sans s'en rendre compte, et de ne s'en apercevoir que lorsqu'il est trop tard.

2. a)

La dialectique désigne l'ensemble des moyens mis en œuvre pour arriver à la connaissance du vrai. Elle consiste notamment à voir exactement la valeur de chaque proposition, ce qu'elle implique et ce qu'elle n'implique pas. En effet, pour Platon, la vérité est une : il existe des objets en soi, les Idées, et celles-ci ne connaissent ni changement ni altération. C'est ce que décrit le mythe de la caverne dans *La République* : les hommes vivent au fond d'une caverne, et ils prennent les ombres qu'ils aperçoivent sur les murs pour la vérité elle-même. Ce n'est que lorsque l'un d'entre eux sortira et apercevra le soleil qu'il comprendra la véritable nature des choses. Le sens de ce mythe est de nous dire qu'au-delà de ce que nous apercevons et que nous prenons pour la vérité, il faut s'élever jusqu'à la véritable nature des choses que sont les idées, et ce n'est qu'alors que nous pourrons découvrir le vrai. Ce qui revient à dire que les idées - le beau, le bien, le juste -, ne sont pas des choses que nous connaissons vraiment. Ce n'est pas parce que nous en parlons ou que nous pensons vraiment les connaître que cela est vrai. En fait, lorsque nous utilisons les idées, nous n'avons généralement pas de notion correcte à leur sujet. La meilleure preuve est que lorsque Socrate demande à quelqu'un ce qu'il pense de la justice, celui-ci a une réponse toute prête, et il est persuadé qu'il sait ce dont il parle. Or, dès que Socrate commence à l'interroger, la personne réalise à quel point son point de vue initial est plein de contradictions et de lacunes, et l'interlocuteur doit finir par convenir qu'il ne connaît pas vraiment le sujet dont il parle.

La dialectique est ainsi l'art de séparer les idées pour ne pas être victime des confusions que font la plupart des individus lorsqu'ils entreprennent de raisonner. Par exemple, ce n'est pas parce qu'une chose est critiquable sous certains aspects qu'elle est du même coup entièrement mauvaise : la politique, par exemple, est un milieu fait de compromis et de mensonges, mais c'est en même temps la condition nécessaire pour que les hommes puissent vivre ensemble (Spinoza, *Ethique*, livre IV). Etre capable de reconnaître qu'une chose peut s'avérer à la fois mauvaise sous certains aspects, et bonne selon d'autres, c'est être capable de séparer les différents nivaux de vérité sans les mélanger ni les confondre. Le point de vue primaire est de penser qu'une chose est ou bonne ou mauvaise, alors que la réalité est plus complexe. C'est le but de la dialectique d'arriver à distinguer ces différents niveaux, pour que le philosophe puisse avoir un point de vue équilibré sur les objets dont il parle. La vérité des Idées est donc entière pour Platon : l'idée de bien ne peut pas être mélangée avec celle du mal, ou alors ce n'est plus un bien, mais dans la vie les idées ne sont jamais entières comme elles le sont dans le monde de l'esprit. Autant les idées sont pures et immuables lorsqu'on les pense avec l'intelligence, autant lorsqu'on essaye d'analyser le monde qui nous entoure, les idées sont mélangées. Il faut alors que la dialectique intervienne pour être capable de vraiment penser une chose, sans se contenter d'énoncer des jugements péremptoires et catégoriques qui vont à l'encontre des précautions nécessaires à une réflexion sérieuse (Hegel, préface à la *Phénoménologie de l'esprit*). Sans dialectique, il ne s'agit pas de réflexion mais de réaction, puisqu'au lieu de chercher à comprendre les différents aspects d'un problème nous nous contentons de le classer de façon binaire, sans vouloir vraiment affronter les difficultés inhérentes à l'exercice de la pensée.

3. c)

Ce terme est la source de fréquents contresens, dus pour la plupart à une méconnaissance de la philosophie d'Epicure (341-270 av. J.-C.). Dans le sens usuel, on désigne par épicuriens de « bons vivants », c'est-à-dire des personnes qui jouissent de l'instant et recherchent le plaisir sous toutes ses formes. Or le véritable terme qui sert à désigner ce genre de comportement est celui d'« hédonistes », c'est-à-dire d'individus pour qui la recherche du plaisir est la première préoccupation. D'où vient alors la confusion avec Epicure ? Elle s'explique lorsqu'on observe attentivement la philosophie de ce dernier. Epicure apparaît dans les derniers temps de la philosophie grecque. Après Socrate, Platon et Aristote, la grande philosophie connaît un déclin en Grèce, où la stabilité politique est largement mise à mal par la Macédoine voisine. D'abord en guerre, la Grèce ne tarde pas à être occupée ; les cités sont alors placées sous le contrôle macédonien et la liberté politique disparaît. On voit alors naître des philosophies dont le but n'est plus désormais de proposer des réformes politiques de premier plan, comme *La République* de Platon, mais plus modestement de permettre à chacun de vivre une existence conforme à la raison : la philosophie d'Epicure est une de celles-ci. Le premier point pour Epicure est de passer par un mépris de la mort. « *La mort n'est rien pour nous* », écrit-il ainsi dans une lettre à l'un de ses disciples. Pourquoi refuser d'avoir peur de la mort ? Rien de plus simple explique Epicure : tant que nous sommes en vie, la mort n'est pas présente, et lorsque nous sommes morts, nous ne sommes plus capables de nous en rendre compte. Sa conclusion est donc qu'il est inutile d'avoir peur d'une chose que nous ne ressentirons pas vivants et dont nous ne connaîtrons plus rien une fois que nous aurons péri. En effet, les hommes se gâchent l'existence à toujours prévoir le jour de leur mort et à s'inquiéter à son sujet ; au contraire, pour Epicure, vivre veut dire savoir que nous sommes vivants maintenant et agir en conséquence.

Attention cependant à ne pas se méprendre : vivre pleinement ne signifie absolument pas se livrer à la recherche des plaisirs. La philosophie d'Epicure consiste à apprendre à ne pas être victime de ce qui peut nous causer du déplaisir. Epicure dit à ses disciples de rechercher le bonheur, traduction maladroite du terme grec « ataraxie » qui signifie en réalité « état de non-trouble ». Le bonheur dont parle Epicure est donc l'état du sage qui n'est plus troublé par ce qui l'entoure, qui se garde à l'abri du calme et de l'agitation superficielle, qui ne se laisse pas déborder par ses passions, et qui mène une existence équilibrée et mesurée, en fuyant par-dessus tout l'excès, puisque les passions comme les plaisirs sont des facteurs de trouble. C'est donc tout d'abord sur ce premier sens que l'on a pu croire qu'Epicure recommandait la recherche du plaisir, alors qu'il voulait l'inverse, la recherche du calme intérieur. Le deuxième point qui est à l'origine de l'interprétation épicurienne est la vigueur avec laquelle Epicure défend l'idée atomiste. Cette doctrine, élaborée par le Grec Démocrite, énonce que l'univers est entièrement composé de petites particules insécables (*atomos* en grec), qui composent chaque chose, nous y compris. Epicure reprend cette idée à son compte, et se fait un fervent partisan de l'atomisme : seuls les atomes existent : il n'y a pas d'âme, pas de survie après la mort, pas de crainte des dieux à avoir puisque nous ne sommes plus rien lorsque nous sommes morts. Cette vision de l'univers, qui rejette l'idée d'une survie d'une âme immortelle, fut adoptée par de nombreux libertins – terme qui, au XVIIe siècle, désignait les individus qui ne croyaient pas à l'existence de Dieu. Or les hommes qui se moquaient des châtiments éternels promis à ceux dont l'existence ne respectait pas la morale, avaient souvent des vies dissolues, ce qui explique que libertins et débauchés, qui n'avaient pas de rapport à l'origine, furent par la suite souvent confondus entre eux au point de ne plus désigner le plus souvent qu'une seule et même chose. La philosophie d'Epicure devint ainsi la référence des libertins, puisqu'elle faisait de l'homme un amas d'atomes sans vie éternelle, et qu'elle recommandait de ne pas avoir peur des punitions divines après la mort. On fit ainsi d'Epicure le défenseur de ceux qui voulaient vivre le plus intensément possible en poursuivant les plaisirs, alors que dans cette philosophie, c'est principalement le calme et le repos de l'esprit qui sont le but à atteindre.

4. c)

Ce terme désigne l'interprétation, en particulier celle des textes sacrés. L'interprétation est un problème qui s'est, au départ, posé de manière particulièrement aiguë avec la Bible. En effet, pour les croyants, la Bible est l'œuvre de Dieu : à travers elle, c'est donc le Créateur qui parle directement à ses créatures. On peut donc supposer que ce qui est écrit n'est pas nécessairement pourvu d'une seule signification. En effet, penser de la sorte serait faire de Dieu un être limité, et cela reviendrait à le comparer à un simple romancier. Au contraire, accepter l'idée que l'esprit divin est infini, c'est du même coup supposer que le sens des écrits contenus dans la Bible est lui aussi infini. L'herméneutique va donc consister à faire le tour de cette infinité de significations, sans prétendre les épuiser – ce qui est impossible –, mais en essayant de déchiffrer tous les sens possibles des textes.

Au Moyen Age, les écrits bibliques sont donc ainsi analysés sous des angles distincts qui, ensemble, vont leur donner une valeur juste. Ainsi, dans un premier temps, on distingue le sens littéral : celui-ci ne mérite aucune analyse, il consiste à envisager le texte comme le récit véridique de faits qui se sont effectivement produits, et c'est ce qui poussa certains à vouloir chercher l'emplacement exact du paradis terrestre en se fondant sur l'itinéraire des Juifs décrit dans l'Ancien Testament. Pour le deuxième sens, on distingue une lecture allégorique : qui va essayer de comprendre le texte au niveau symbolique : qu'est-ce que l'on peut comprendre du récit lorsque l'on essaye d'envisager ce dernier autrement ? On privilégie alors l'interprétation morale : derrière un récit se cacherait une leçon morale, pas immédiatement évidente, mais que l'on peut comprendre à condition d'en chercher le sens. Ensuite, au troisième niveau viendrait la signification religieuse, puis enfin la signification mystique.

Cette interprétation s'est par la suite étendue à la production littéraire où, comme on l'avait fait pour la Bible, on s'est efforcé de chercher si, dans certains ouvrages, l'auteur n'avait pas laissé un sens caché que seule une analyse minutieuse permettrait de découvrir. Par exemple, dans *Pantagruel*, Rabelais décrit la quête de la « dive bouteille », une bouteille de vin que les héros vont chercher au prix de multiples aventures. En réalité, le sens serait tout autre : il s'agirait, d'une manière allégorique, de la recherche du Graal : la dive bouteille serait le saint Ciboire, le vin serait le sang du Christ. Comment alors être certain qu'une herméneutique ne se compose pas d'un tissus d'approximations, mais qu'elle révèle effectivement les intentions de l'auteur ? Tout d'abord en connaissant le contexte culturel dans lequel un ouvrage a été écrit : s'il est peu probable que l'on parle du Graal dans un roman moderne, en revanche Rabelais vivait à une époque où cette légende était encore vivante. Ensuite, en connaissant la personnalité de l'auteur : Rabelais, que l'on présente parfois sous les traits d'un individu paillard, était prêtre. Enfin, les herméneutiques se fondent sur des concordances précises et nombreuses dans un texte : pour qu'une interprétation soit digne de ce nom, il faut que de nombreux éléments viennent la confirmer. L'herméneutique ne s'applique pas uniquement aux œuvres littéraires, elle peut aussi avoir pour objet l'explication d'un tableau, d'un opéra, de toute œuvre où, derrière un sens apparent, il est possible de découvrir une intention cachée. La rigueur des analyses ne permet pas toujours de privilégier une interprétation au détriment d'une autre. Par exemple, certains voient dans le sourire de la Joconde le signe d'une connivence que le peintre a voulu établir avec le spectateur, alors que pour d'autres, au contraire, il s'agit d'une expression d'ironie qui symbolise le mépris du peintre pour ses admirateurs.

5. c)

Ce mot grec signifie « accouchement ». Il est utilisé pour décrire la méthode de Socrate qui, lorsqu'il s'adresse aux gens, ne leur dévoile jamais au premier abord ce qu'il pense, mais les amène, par une suite de questions et de réponses, à trouver par eux-mêmes la vérité. Socrate n'est pas un gourou qui prétendrait apporter aux individus qui l'écoutent une vérité toute faite ; son but est au contraire d'éveiller les esprits, en utilisant pour cela leur propre réflexion. L'idée qui se trouve derrière cette méthode est présentée dans un ouvrage de Platon qui s'appelle le *Menon*. Ici, Socrate explique qu'en réalité nous n'apprenons jamais rien : nous ne faisons que nous souvenir de choses oubliées, mais qui se trouvent toujours enfouies en nous et ne demandent qu'à réapparaître pour peu que nous fassions l'effort de les chercher. Pour prouver son idée, il appelle un jeune esclave, qui n'a reçu aucune éducation, et, par une succession de questions, sans jamais donner aucune réponse, il guide celui-ci jusqu'à ce qu'il ait fait la démonstration d'un théorème mathématique, ce que l'esclave réussit parfaitement. La question que pose Socrate à ceux qui l'écoutent est alors : comment cet esclave pourrait-il faire une démonstration s'il ne savait pas déjà les mathématiques ? Puisque l'esclave n'a jamais été éduqué, c'est donc qu'il possède cette connaissance en lui, préalablement à toute éducation. Ainsi le rôle de la philosophie ne serait pas d'enseigner le vrai, mais plutôt de permettre aux esprits de retrouver la vérité qu'ils portent en eux.

Socrate défend ce qu'on appelle la « théorie des idées innées », c'est-à-dire le fait que les individus posséderaient dès leur naissance des notions présentes dans leur esprit, et cela avant même d'avoir appris à parler, au contraire de ceux qui défendent l'idée que l'esprit est une *« tabula rasa »*, une table vide, et que c'est seulement ce qu'on va graver dessus qui forme les connaissances d'un individu. Comme à son habitude, Socrate donne un mythe destiné à expliquer cet état de fait. La raison pour laquelle les esprits sont en possession de la connaissance est que celle-ci leur vient en réalité de souvenirs issus de leurs précédentes existences. En effet, Socrate défend l'idée de la transmigration des âmes : après la mort, l'âme va être dépouillée de tous les attributs qu'elle avait sur cette terre (richesse, luxe, abondance) pour passer entièrement nue devant des juges chargés de voir quelle vie elle a menée. Ensuite, en fonction du mal ou du bien qu'elle a accompli, elle est punie ou non, et retourne sur terre. Mais avant de revenir à la vie, l'âme doit passer dans le Léthé, un fleuve qui emporte avec lui tous les souvenirs, si bien que lorsqu'ils retrouvent une enveloppe corporelle, les individus ont perdu la mémoire de ce qu'ils avaient appris dans leurs précédentes expériences. Le fait de ramener à la conscience ce que l'âme a pu oublier s'appelle chez Platon la « théorie de la réminiscence » : elle désigne le processus qui consiste, grâce à la maïeutique, à permettre à l'esprit de retrouver la vérité qu'il pensait avoir perdue mais qui, en réalité, se trouve depuis toujours inscrite au plus profond de lui.

5. b) et c)

Cet adjectif est tiré du nom du philosophe italien Nicolas Machiavel, qui vécut au XVIe siècle (1469-1527), et dont le principal ouvrage, *Le Prince*, a fait la renommée. Dans ce livre, le philosophe étudie les différents moyens dont le prince doit user pour conserver le pouvoir et l'emporter sur ses rivaux. Machiavel ne recule devant aucun moyen : pour lui le mensonge, la trahison, et même le meurtre sont des outils que le prince doit savoir utiliser, y compris avec les membres de sa propre famille. Pourtant, c'est aller un peu vite que de faire de Machiavel une sorte de monstre qui défendrait une vision de la politique cynique et sanglante. Pour mieux comprendre sa pensée, il est nécessaire de la replacer dans son contexte. Machiavel habite Florence, où, comme dans de nombreuses villes, c'est un prince qui gouverne, exactement comme une monarchie. Gênes, Venise, Trieste sont gouvernées de la sorte, et l'Etat italien n'est même pas à cette époque à l'état d'ébauche. Les guerres entre ces républiques sont extrêmement fréquentes, et la plupart du temps les habitants se voient envahir par leurs ennemis, ruiner par les pillages, ou bien sont les victimes des luttes de clans qui, au sein d'une même famille, provoquent d'innombrables meurtres.

C'est en réaction à cette instabilité politique que Machiavel écrit *Le Prince*, non pas pour faire l'apologie de l'opportunisme, mais au contraire pour indiquer aux dirigeants d'un pays quels sont les meilleurs moyens pour assurer la stabilité politique et ainsi amener la prospérité dans la république. En réalité Machiavel ne veut pas autre chose que de permettre à la république de sortir des luttes sanglantes et incessantes qui la frappent : si, pour lui, il est possible au prince d'utiliser le meurtre et le mensonge, c'est parce que le prince n'agit pas dans son seul intérêt, il est le dépositaire du bien-être public. S'il n'est pas capable de gouverner, c'est l'ensemble de la population qui devra en subir les conséquences. Le but de Machiavel n'est donc pas de donner des règles pour conquérir le pouvoir à tout prix, mais plutôt d'indiquer comment agir pour ramener l'ordre dans une époque chaotique et guerrière.

L'autre erreur fréquente concernant Machiavel est de voir en lui quelqu'un qui se fait le défenseur du pouvoir absolu : là encore c'est faux. Le prince est quelqu'un qui n'agit pas uniquement par goût du pouvoir, mais surtout pour procurer le bien aux autres. Machiavel ne fait pas du pouvoir un instrument destiné uniquement à servir les intérêts de ceux qui dirigent. Si les princes ont des privilèges, ce n'est pas parce qu'ils sont au pouvoir, c'est parce que le but qui est le leur - assurer la tranquillité publique - mérite qu'on ne recule devant rien pour l'obtenir. Les fautes que Machiavel pardonne au prince ne sont donc pas la description de la politique telle qu'elle doit être, mais la liste des moyens nécessaires qu'il faut savoir utiliser lorsque c'est le bonheur de chacun qui est en jeu.

7. a) et c)

Par « rester stoïque », on entend couramment être capable de faire front face aux événements, sans se laisser emporter par ses émotions : ne pas pleurer en apprenant un décès, rester digne dans l'échec même le plus grave. Ce terme provient de la philosophie stoïcienne, qui comporte elle aussi peu de rapport avec l'emploi courant que l'on fait d'elle, tout comme c'est le cas de la philosophie d'Epicure. Le stoïcisme naît à peu près à la même époque que l'épicurisme, mais il aura plus de succès par la suite, puisque les Romains, en particulier, lui accorderont de nombreux ouvrages, aussi bien sous la plume de Marc Aurèle que de Cicéron. Le succès de la philosophie stoïcienne et la vogue qui fut la sienne jusqu'à la fin de l'Empire romain s'expliquent par sa simplicité. Elle aussi, comme l'épicurisme, comporte des principes simples, destinés à être appliqués immédiatement pour faciliter l'existence.

Le premier point, et le plus important, est d'être capable de distinguer ce qui dépend de nous et ce qui ne dépend pas de nous dans ce monde. En effet, c'est pour les stoïciens la principale raison du malheur des hommes. Pourquoi ? Parce que lorsque nous ne sommes pas capables de faire cette différence, nous nous rendrons malheureux en voulant agir sur des choses, alors que cela n'est pas en notre pouvoir. Par exemple, si je tiens à un objet, et que quelqu'un le casse, que puis-je y faire ? Rien. Il est donc inutile de se lamenter ou d'être triste, puisque nous ne pouvons rien y changer. Mais le stoïcisme pousse jusqu'à l'extrême cette conception des choses, et l'applique à tout ce qui ne dépend pas de nous. La mort de ceux que nous aimons ne dépend pas plus de nous que le reste. A quoi bon être triste d'avoir perdu quelqu'un, demandent les stoïciens ? Il n'est pas en notre pouvoir de faire vivre qui que ce soit plus longtemps, alors si cette personne est morte, la tristesse est inutile. Nous ne pouvons rien sur cette chose, il faut l'accepter comme elle arrive. En refusant que les choses arrivent, nous ressentons de la tristesse ; en acceptant au contraire tout ce qui se produit, dès lors que cela ne dépend pas de nous, nous évitons d'être perturbés inutilement. Car la deuxième règle des stoïciens est que tout arrive dans le monde selon le destin. Qu'est-ce que le destin ? C'est une sorte d'intelligence qui dirige le monde, et qui fait toujours en sorte que ce qui se produit soit pour le mieux. En conséquence, ne pas accepter le destin, c'est vouloir aller contre l'ordre du monde et désirer changer des choses qui ne sont pas en notre pouvoir. Le destin faisant toujours pour le mieux, refuser ce qui advient est source de souffrances inutiles ; en comprenant en revanche que le destin se trouve derrière tous les événements, on renonce à gaspiller son énergie sur ce qui ne dépend pas de nous, et l'on reste ainsi à l'abri du chagrin.

Mais alors, qu'est-ce qui dépend de nous selon les stoïciens ? Tout ce que nous contrôlons, c'est-à-dire en fait notre volonté. Nous n'avons aucun pouvoir sur notre vie, sur notre mort, sur ce qui nous entoure, et nul ne peut être certain que le triomphe d'aujourd'hui ne tournera pas en échec cuisant le lendemain. En revanche, chacun peut décider d'accepter le destin et donc d'être heureux, ou de le refuser et de se condamner au malheur. Si, par exemple, quelqu'un naît avec des dons particuliers, il peut décider de les faire fructifier, cela ne dépend que de lui : s'il le fait, il accepte le destin qui lui a donné ces dons et pourra être heureux, mais s'il ne le fait pas, il sera incomplet. Mais dans les deux cas, c'est l'individu lui-même qui décide librement de ce qu'il fera de ce que le destin lui a offert, car cela ne dépend que de lui. Pour le stoïcien, être libre c'est donc accepter tout ce que le destin nous apporte, et comprendre que la seule façon de vivre heureux est de ne pas vouloir autre chose.

8. a) b) et c)

Les Grecs admettent que les discours diffèrent et cherchent un discours valable pour tous les hommes. Dans la cité, la volonté d'éliminer la violence entre les citoyens oblige la justice à être reconnue par tous comme telle, et pour cela il faut développer des arguments raisonnables, c'est-à-dire convaincants. La raison cherche à comprendre ce qui est identique pour tous, dans un discours cohérent, universel et nécessaire. Il s'agit de déceler ce qui est « un », d'où les explications pour réduire les phénomènes à une seule substance. De plus, les penseurs grecs éliminent les dieux en recherchant un discours qui tire sa vérité de lui-même, et non pas de l'extérieur.

Il existe toutefois une divergence entre ceux pour qui le monde est d'essence raisonnable, exprimable dans le discours, et ceux pour qui le discours révèle l'être et permet de confondre les discours trompeurs (Héraclite). Parménide veut dépasser la dualité entre le discours et l'être de ce qui est : pour lui, l'unité est indissoluble entre être et pensée. La raison énonce la vérité absolue qui est l'être et qui ne peut se découvrir que comme un, éternel, immuable. Tout discours portant sur le monde de l'expérience est faux, voire insensé.

Diogène, prouvant contre un disciple de Parménide que le mouvement existe, montre que le discours ne peut être le tout du raisonnable. De là naît l'idée d'une philosophie qui serait fondée sur le réel. Les sophistes s'adonnent ainsi à l'enseignement des techniques et se présentent comme les maîtres du discours, discours efficace et utile. Rhétoriques et politiques, les discours de celui qui a un litige chassent l'idée de vérité désintéressée. Certes, l'homme utilise sa raison, pourtant son ressort n'est pas la pensée mais la passion, la jouissance.

Socrate, de ce point de vue, pourrait être appelé le plus grand des sophistes puisque, comme eux, il ramène la philosophie du ciel sur la terre. Comme eux, il voit le problème essentiel dans la politique, mais, à leur différence, il ne prétend pas posséder un savoir. Il ne fait pas de discours, il vit en dialogue. La cité est malade parce que les citoyens ne savent pas ce dont ils parlent. Le dialogue permet de voir si celui qui parle sait de quoi il parle, et cela, c'est la raison. Socrate ne prétend pas monter ce qui est raisonnable, il ne peut qu'indiquer ce qui ne l'est pas.

Platon retient de son maître la dialectique (du dialogue) et la cohérence. Mais le dialogue ne suffit pas : il faut trouver un fondement positif. Même si les citoyens sont d'accord, cet accord doit être fondé sur une réalité qui en garantisse la valeur, un savoir inébranlable : pour cela l'objet de la raison ne doit pas changer. C'est un retour à Parménide, mais le monde des apparences doit être sauvé. Il ne s'agit pas de sauvegarder des apparences mais de montrer en quoi elles sont des copies des Idées, formes immuables vues par l'esprit, seules authentiques car seules capables de donner une réalité à ce qui est perçu par l'intelligence. Il faut donc découvrir ce qui existe lui-même en lui-même, mais nous ne le découvrons qu'en partant de l'expérience commune.

Tout jugement affirme une identité dans l'altérité. On comprend pourquoi la mathématique est si importante : elle voit le multiple dans son unité. Or, si la raison saisit l'éternel, elle est de l'ordre de l'éternel. Elle n'est pas de l'homme, sensible, corporel, changeant. De là un dédoublement entre la raison discursive (entendement) et la faculté de saisie de ce qui est en soi (intellect). Mais avant d'être théoria, pure vision du bien, la raison a besoin d'un long travail, si bien que ces deux facultés lui sont nécessaires.

Aristote nie l'existence supra sensible des Idées et d'une réalité qui serait purement intelligible. Ce qui est réel, c'est ce qui est ici et maintenant, et la connaissance de la substance ne se trouve que dans les objets individuels. Mais on ne parle pas ici de sensualisme : le donné ne se comprend qu'en raison, parce que la raison gouverne le monde. Si la raison veut être elle-même, elle doit penser une réalité qui est une en son fond pour être saisissable en sa structure, et dans le donné des sens, déjà, les sens saisissent les formes-espèces qui y sont présentes.

Comme Platon, Aristote distingue un entendement discursif et un intellect dans lequel la raison se retrouve elle-même, et organise le discours grâce à des principes premiers. C'est grâce à l'intellect que la raison va vers son unité. C'est dans l'activité de l'intellect que l'homme se réalise pleinement, car, en tant qu'il agit en nous, se manifeste l'essence divine. En raison de la chute, la vue immédiate du monde dans sa beauté et son unité est refusée à la raison humaine. Seule la révélation lui indique les voies du salut. La tradition chrétienne hésite entre une interprétation pessimiste de la raison (Luther), et une autre où, malgré la chute, subsiste une lumière naturelle capable d'apporter des connaissances réelles (saint Thomas). Malgré tout, il est clair pour eux deux que la raison est impuissante à assurer le salut. Dans l'Antiquité, la lutte est entre le sensible et l'intelligible ; à présent elle se situe entre la foi et le cœur perverti. Malgré tout, le contenu de la foi est source de dilemme : problèmes de la liberté et de la toute puissance de Dieu, de la grâce et de la responsabilité...

La théologie naît de cette tentative de penser un tel mystère. La foi veut se transformer en compréhension de ses contenus. Mais précisément, dans la mesure où l'on veut penser la foi, on se trouve également obligé de penser le monde, puisque, en tant que création, il est aussi l'expression de la volonté divine. Mais, avec Newton, l'étude de la nature sépare la foi du domaine intramondain : elle est désormais vécue dans le cœur de l'homme. Ainsi s'affirme le pouvoir de la raison, qui a son domaine propre et dont elle ne sort que pour s'égarer, face à un antirationalisme. C'est à cette situation que vont essayer de répondre les grandes métaphysiques des XVIe et XVIIe siècles.

A partir de Descartes, la philosophie va essayer de déterminer les limites dans lesquelles elle peut être sûre d'elle-même. Elle se découvre alors elle-même comme fondement. Elle se découvre finie, mais capable de penser l'infini. Les principes de la religion naturelle peuvent être atteints par la pensée rationnelle, à tel point que l'on peut comprendre l'esprit divin à travers le monde tel qu'il est. Ce qui donne tant de confiance à la raison, c'est une suite de succès remportés en physique et en cosmologie. Ceux-ci confèrent à tous les penseurs (Spinoza, Leibniz, Berkeley...) une confiance inébranlable dans les pouvoirs de la raison, laquelle est capable de découvrir le fond des choses. Mais comme la science ne croit que ce qui est vérifiable, ce qui n'est pas le cas des objets métaphysiques, les discours des uns et des autres se contredisent. Il en résulte ce qui se présente tantôt comme un sensualisme, tantôt comme un scepticisme ; leur point commun étant l'idée selon laquelle il n'y a de connaissance pour nous que ce monde des sens, et que nous nous perdons dès que nous pensons atteindre une connaissance des choses en elles-mêmes. Si l'on respecte la religion pour sa valeur éducative, elle n'est que sentiment personnel en dehors du raisonnable car invérifiable par l'expérience. Pour Hobbes, Spinoza, Locke, Voltaire, aucune autorité ne peut se prévaloir de lumières particulières devant la raison souveraine. La raison déclare s'abstenir de tout ce qui est au-delà du sensible ; or des concepts comme ceux de cause et de réalité, loin de tirer leur sens du monde sensible, le rendent possible.

On a dit ainsi que tous les motifs de l'histoire de la philosophie se retrouvent chez Kant, qui est déterminé par cette tension du sensible et du suprasensible. La pensée ne peut renoncer à l'absolu, même si elle vit dans le monde. Si l'humanité ne s'est pas entendue, c'est parce que la raison est une, mais elle l'est sous des aspects différents. Théorique, elle vise la connaissance du monde sensible et du particulier. Il n'en est plus de même lorsqu'elle se met à penser la totalité (par exemple lorsque l'esprit tente d'appréhender le concept d'absolu) : elle est raison au sens fort, mais elle doit s'appuyer sur l'entendement puisqu'elle est dégagée du sensible. Pratique, elle a à faire non à ce qui est, mais à ce qui doit être. Si la métaphysique s'est effondrée, c'est parce qu'elle avait prétendu parvenir à une *connaissance* de type scientifique dans un domaine où la tâche est de penser la totalité qui n'est jamais donnée comme un fait (l'expérience, en effet, ne nous donne jamais qu'une connaissance limitée). Aucun chemin ne mène des faits à un sens, et c'est le sens qui fait qu'il y a des faits : la métaphysique avait confondu l'aspect pratique et l'aspect théorique de la raison. Il s'agit bien d'universalité en science comme en morale, mais ce n'est pas la même : le discours de la science postule l'universalité, mais celle qui porte sur le bien et le mal est infiniment plus profonde. La raison est autonome, car qui pourrait prétendre donner du dehors des règles à la raison ? C'est la raison qui se limite elle-même lorsqu'elle s'oppose à sa tentative de transformer en objet ce qui ne peut jamais être situé dans l'espace ou dans le temps. Ainsi la raison autonome n'est pas toute puissante. Comme entendement, elle fournit les concepts mais pas la matière. Comme raison pratique, elle pense la loi morale, mais si elle purifie les maximes selon lesquelles nous agissons, elle ne les invente pas, elle les trouve. La totalité est la condition de la cohérence, mais elle reste impensable : elle est un « comme si ». Tout ce qui rend possible une compréhension cohérente du donné n'est pas et ne peut être de l'ordre du donné. Le dualisme kantien est la base de toutes les discussions ultérieures.

Fichte, Schelling, Hegel cherchent à constituer un discours unique, saisie de la réalité naturelle et intellectuelle. La tentative a été menée à son paroxysme par Hegel. Pour lui, le fini n'est pas face à l'infini comme un adversaire : l'infini n'est pas un véritable infini s'il est opposé à un fini, l'infini ne peut être que la totalité structurée du fini. Il en découle que ce qui est fini n'a pas de consistance vraie. Hegel affirme que la raison est parfaitement capable de penser le sensible, du moins en ce qu'il possède de structure et de raison. Ce n'est pas « comme si » le monde était raisonnable : s'il convient de parler d'un « comme si », c'est comme si le concept ou le fait isolé étaient compréhensibles en eux-mêmes sans être ramenés par la dialectique à leur rôle de simple aspect (moment), pourtant essentiel à sa place. Cette dialectique n'est toutefois pas une méthode : elle est le processus temporel dans lequel le discours de la raison expose ce qu'il est en tant qu'il est. Elle est en même temps le mouvement de la réalité elle-même qui se dit dans le discours de la raison, puisqu'un être qui ne serait pas pensée, une pensée qui ne serait pas pensée de ce qui est ne seraient pas de l'être. La raison incarnée dans ses déterminations sensées de la réalité naturelle, politique, morale, historique, ne se refuse pas à celui qui, accédant à ce savoir de la raison, cesse d'être un philosophe, chercheur de la sagesse, et devient un sage.

La raison est donc tout et en tout. Le seul objet, le seul sujet est la raison. Ce n'est pas l'individu qui pense mais la raison en lui : le sens de son existence n'est pas à créer, il n'a qu'à le découvrir. Le non raisonnable existe bien, mais c'est un accident qui est compris par la raison comme accidentel nécessaire : le discours de la raison n'en est ni limité ni réfuté. Ce qui est c'est la raison du monde dans toutes ses dimensions naturelles et intellectuelles. La tâche que, inconsciemment, la raison s'était donnée depuis le départ paraît accomplie : il n'existe plus aucun inconnaissable, aucun indicible ne limite plus son empire. Il ne s'agit plus du penser de l'individu fini, mais de la pensée dans laquelle se révèle la vérité, qui est l'être lui-même qui se déploie dans ses manifestations particulières repris dans le tout qu'est la raison-être. C'est la réconciliation du sujet et de l'objet, de la pensée avec une réalité qui ne lui est plus extérieure, l'unité de la pensée finie avec la pensée absolue.

Dans le débat contemporain s'opposent les rationalistes, héritiers de Platon, Aristote, Kant et Hegel, et leurs adversaires. Wittgenstein, dans le *Tractatus logico-philosophicus*, développant la structure d'un discours sensé et vérifiable, reconnaît l'existence d'une pensée tout autre, mais dont il ne peut pas parler dans le seul langage sensé qu'il admette. Bergson oppose rationalité et intuition de la durée intérieure : la raison, comme raison scientifique, reste à la surface des choses, cachant ce qui n'est accessible que dans une saisie immédiate, vécue.

2. Quelques figures de l'imaginaire

Questions

1. Don Juan est un :

a) athée

b) agnostique

c) rationaliste

2. Don Quichotte est un :

a) noble

b) paysan

c) bourgeois

Réponses

1. a)

Don Juan est considéré avec Faust comme l'un des seuls mythes qui soient véritablement propres à l'Occident, c'est-à-dire dont on ne trouve aucun équivalent dans une autre culture. Le personnage de Don Juan apparaît en Espagne, aux débuts du XVIIe siècle. Il est au départ un personnage qui va de femme en femme, mais sans réelle profondeur tragique : il s'agit plutôt d'un aventurier qui se moque de l'ordre établi. C'est avec Molière que Don Juan prendra tout son relief, puisqu'au travers de son comportement, c'est toute une philosophie de l'existence qui se dessine. Tout d'abord, Don Juan est scandaleux. Il se moque des règles établies, du mariage, il fait des serments tout en sachant qu'il ne les honorera jamais, et se moque de ceux qui croient au respect de la parole donnée. A ce titre, il est une figure qui critique tout ce qui est conventionnel, et qui préfère la vérité de ses instincts au mensonge des apparences et des accords. Son désir est vrai, il ne ment pas, peu importe s'il ne correspond pas aux formes en vigueur dans la société. Ainsi, tout en étant terriblement égoïste, Don Juan apparaît aussi comme une figure de la vérité : il accepte son esprit tel qu'il est, sans chercher à se réfugier derrière des doctrines qui ne sont pas faites pour lui. Ensuite, le personnage de Don Juan est une figure de la liberté. Il refuse tout ce qui pourrait l'asservir, qu'il s'agisse d'une croyance ou d'un engagement amoureux. Il suit ses passions sans jamais vouloir être leur esclave : sitôt qu'il parvient à son but, celui-ci perd de l'intérêt, et il repart en quête d'une nouvelle aventure. A ce titre, on peut voir en lui aussi bien une critique du désir (Don Juan est perpétuellement insatisfait, changeant, il ne parvient jamais à se fixer ni à trouver le contentement) qu'un éloge de la liberté puisqu'il accepte de succomber au désir, mais pas d'en devenir l'esclave. Les croyances sont également pour lui source de moqueries : ainsi, il raille son valet Sganarelle, qui lui tient des discours religieux dans lesquels il entre autant de superstition que de sentiment vrai. La raison en est, là encore, que la croyance est une entrave à la liberté, elle immobilise les êtres dans des certitudes, que Don Juan refuse comme autant de freins à sa soif de mouvement. Croire serait pour lui se fixer dans une opinion, or il refuse un tel poids ; être libre signifie pour lui n'avoir aucun attachement, tant matériel que spirituel : il refuse autant de se lier à une femme que de se marier à une idée. C'est d'ailleurs sur ce dernier point que Don Juan devient une figure tragique, car l'athéisme que Molière lui attribue fait finalement de lui une figure du refus. Don Juan se moque de Dieu et, à la fin de la pièce, il le paie de sa vie : la statue du commandeur, qui lui a adressé la parole, l'invite à un repas. Nullement effrayé par ce prodige, Don Juan accepte l'invitation, la statue se meut, lui prend la main et l'entraîne hors du monde. L'attitude de refus de Don Juan va jusqu'au refus de Dieu et au refus de sa propre peur.

Don Juan illustre donc le conflit entre la liberté et l'ordre, et pose la question du choix de celui qui décide de ne vivre qu'en respectant les règles dont il est l'auteur, sans se préoccuper des conséquences que cela entraîne. Le sens de la pièce est ainsi de voir ce qui peut arriver à celui qui décide d'être seul son propre maître, et l'issue tragique à laquelle il se condamne, même si c'est courageusement qu'il acceptera d'en payer le prix. Avec Don Juan, la question est donc celle des limites de la liberté et du destin de celui qui décide d'être libre tout seul, au mépris de ce qui structure la communauté. Esprit fort, il est un héros qui va au-devant de la mort parce que c'est le sort qui attend celui qui ne veut obéir qu'à lui seul. Cette dimension tragique doit ainsi permettre de distinguer Don Juan de Casanova. Casanova, personnage authentique qui vécut au XVIIIe siècle, et dont l'existence nous est relatée dans ses *Mémoires*, est une figure de la séduction, de la conquête, mais qui ne vit que par l'assouvissement de son plaisir. Casanova court lui aussi de bras en bras, mais sans autre but que celui de plaire et d'essayer de tomber amoureux le plus souvent possible. Don Juan, lui, ne connaît pas l'amour et ne le cherche pas, même dans le discours qu'il tient sur ces conquêtes ; c'est avec un ton froid et détaché qu'il parle d'elles, jamais le mot « amour » n'apparaît dans sa bouche. C'est que Don Juan n'est pas un séducteur, mais un libertin, quelqu'un qui rejette l'idée d'un ordre dans la vie ou l'univers, et qui applique ses principes aux femmes qu'il rencontre aussi bien qu'aux idées qu'elles défendent.

2. a)

Ce personnage est un anti-héros qui compte parmi les plus célèbres de la littérature mondiale. Cervantès (1547-1616) écrit son ouvrage à une époque où la littérature est surtout composée de romans de chevalerie : dans les ouvrages les plus lus de son temps, il n'est question que de chevaliers invincibles, de conquêtes amoureuses qui conduisent le héros à retrouver sa bien-aimée après d'innombrables péripéties. C'est en prenant le contre-pied de tous ces schémas, qui forment la structure classique du roman de chevalerie, qu'il va faire de Don Quichotte la figure la plus connue de l'anti-chevalier. Les héros ont tous une âme sœur ; pour Don Quichotte, ce sera la « dulcinée du Toboso », une créature qu'il n'a jamais vue, qu'il place au-dessus de tout et qu'il vénère comme une reine (le portrait qu'en fait son serviteur Sancho Pança lorsqu'il la rencontre est pourtant celui d'une femme laide, vulgaire, et l'auteur pousse le réalisme de la description jusqu'à ce détail, particulièrement poilue). Les chevaliers portent une armure ? Quichotte se sert d'un plat à barbe en guise de bouclier, et pour flambant destrier il choisit un baudet, seule monture sur laquelle il est capable de tenir. Il faut de merveilleux combats pour devenir un héros ? Il combattra les moulins à vent, qu'il prend pour des géants, et sera terrassé par les ailes de l'un d'entre eux. Toutes les figures de style du roman chevaleresque sont ainsi reprises par Cervantès, qui, avec ironie et humour, détourne les classiques du genre de leur vocation originelle – faire rêver –, en rendant bouffonnes toutes les tentatives du héros pour parvenir à s'identifier à ses modèles.

La figure de Don Quichotte est pourtant double. Bien évidemment, au premier plan, il est le héros ridicule, celui dont tous les gens se moquent lorsqu'ils le rencontrent, qui fait rire au lieu de faire peur. Don Quichotte est tellement naïf qu'il est perpétuellement tourné en ridicule par ceux qu'il rencontre, et tellement maladroit que lorsqu'il croit secourir des malheureux, ce sont en réalité de dangereux bagnards qu'il va contribuer à laisser s'échapper. Mais en deçà de la satire qui fait de Don Quichotte la parodie féroce du roman chevaleresque, celui que l'on surnomme dans le livre « le chevalier à la triste figure » est également porteur d'une profondeur qui attire la sympathie du lecteur, comme le fait remarquer André Suarès dans son ouvrage *Cervantès*. Malgré ses déboires, Don Quichotte est aussi l'incarnation d'une certaine vertu, d'un idéalisme perpétuellement déçu, qui préfère maintenir la grandeur de ses rêves plutôt que de céder à la réalité. En se réfugiant dans le monde des romans, le héros n'est pas qu'un simple « illuminé », il est aussi celui qui conserve une certaine nostalgie, une naïveté qui le rend vulnérable, certes, mais qui est la preuve d'un certain courage : celui de suivre ses rêves plutôt que d'y renoncer. Don Quichotte est systématiquement victime des individus qu'il rencontre, parce que, plus rusés que lui, ils finissent toujours par lui faire croire ce qu'il veut entendre, et arrivent à le tourner en ridicule. Mais pour le lecteur, le héros n'est pas toujours celui qui va se moquer du pauvre Quichotte, il est plutôt cet aventurier voué à la défaite. Don Quichotte est donc la figure désespérée de celui qui, face au monde et au désenchantement, affirme sa conviction qu'une certaine part de rêve peut être sauvée, voire même que, sans elle, la vie ne mérite pas vraiment d'être vécue.

3. Les caractères de Molière

Ces personnages, classiques du théâtre français, méritent tous d'être connus, tant leur nom - souvent passé à l'état de substantif - ou leurs attitudes ont marqué l'inconscient collectif et condensé de manière exemplaire des comportements que chacun d'entre nous a eu l'occasion d'observer autour de lui.

L'avare

L'avare est Harpagon. Personnage odieux qui ne fait tout qu'en fonction de l'argent et qui ne marie sa fille qu'en raison du bénéfice qu'il espère en tirer, l'avare ne vit qu'au rythme auquel se remplit sa caisse d'écus. L'histoire est donc celle de sa fille, qu'il destine à un riche et vieux bourgeois, alors que celle-ci ne demande qu'à épouser un jeune homme, Valère, lui aussi amoureux. Harpagon refuse cette union, qu'il juge sans profits possibles. A la fin, le jeune homme se révèle être un riche héritier, frère de la jeune fille, et ils pourront se marier avec la bénédiction de l'avare.

L'avarice est la tragédie de l'homme en proie à la manie de thésauriser : cette maladie le contraint à être méprisé par tous, à être plus généreux avec son argent qu'avec les membres de sa propre famille et à s'attirer la vengeance de tous ceux qu'il n'a pas voulu aider. Quelques répliques figurent parmi les plus célèbres du théâtre (*« Il faut manger pour vivre et non pas vivre pour manger »*), et la morale de Molière est bien de montrer que l'amour de la richesse cause parfois à celui qu'elle possède la plus grande des misères : celle de n'être aimé de personne.

Le bourgeois gentilhomme

Monsieur Jourdain est un riche bourgeois, qui s'entiche de vouloir ressembler aux nobles et se rend ridicule à un point tel qu'il ne le soupçonne même pas. Ici encore, c'est par le mariage de sa fille que le bourgeois se rend odieux : il entend la fiancer à un noble qui est en fait sans fortune, et qui, ayant compris le respect que le bourgeois porte à la noblesse, en abuse sans retenue pour lui emprunter son argent et sa fille. Un jeune homme, amoureux de la fille, finira (dans une cérémonie invraisemblable au cours de laquelle il décore Monsieur Jourdain de l'ordre du grand Mamamouchi) par lui arracher son consentement au mariage de sa fille, sans que le bourgeois ne se doute à aucun moment de la supercherie dont il est victime, et ce alors même que tous les participants ont jeté leurs masques pour essayer de lui faire entendre raison.

Au premier abord, la pièce semble en accord avec les idées en cours à l'époque de Molière. Molière représentait ses pièces devant le roi et la plus haute noblesse ; les nobles ont donc le rôle le plus intéressant, celui d'être enviés et admirés, tandis que le bourgeois est dépeint sous les traits d'un vaniteux, sans culture et finalement sans autre intérêt pour les nobles que son argent. La morale, qui veut que l'on se rende ridicule à vouloir copier les nobles, et que chacun dans la société doit savoir rester à sa place sous peine de se rendre ridicule, est elle aussi conforme aux idées que soutenait la monarchie. Mais Monsieur Jourdain incarne également l'image de celui qui est attiré par la culture, alors qu'il ne possède pas les moyens de se l'approprier.

Le misanthrope

Cette pièce de Molière est restée peu appréciée, probablement parce que la gravité du sujet ne correspondait pas aux attentes d'un public avide de comédies et de divertissements. Alceste, personnage principal de la pièce, est un misanthrope : il rejette la compagnie des hommes au prétexte que ceux-ci sont fourbes, menteurs, et ne cherchent jamais à accorder leur conduite avec les exigences de la vérité et de l'honnêteté. Il est toutefois amoureux d'une jeune femme, Célimène, qui accepte de le voir et de se laisser courtiser par lui. A la suite d'un incident - il critique ouvertement la qualité d'un poème écrit par un proche du roi -, il est attaqué et perd son procès. Au même moment, des amis lui font la preuve que Célimène joue un jeu avec lui, qu'elle se laisse courtiser par d'autres prétendants et qu'elle leur donne les mêmes assurances d'amour qu'à lui. Alceste doit fuir pour échapper à l'emprisonnement, il confond Célimène en public, mais lorsqu'il lui demande de l'accompagner dans sa fuite, elle refuse, effrayée par la perspective de vivre seule loin de la ville. Désespéré, Alceste projette de partir loin des hommes à jamais.

La pièce aborde un thème plus sombre que la plupart des comédies de Molière. Elle dépeint en effet les difficultés d'un être qui, en prise avec un monde de faux-semblants et de compromis, continue d'exiger une fidélité intégrale à son idée du vrai, et qui refuse d'adoucir ses propos, même si leur contenu doit blesser l'amour propre de quelqu'un. Eperdu de vérité, Alceste illustre la difficulté de concilier les exigences de la vie sociale - être aimable et agréable - avec celle qui veut qu'on soit toujours fidèle à ce que l'on pense profondément. Alceste refuse de taire ce qu'il ressent, et il doit pour cela se résoudre à être fui par les hommes, en même temps qu'il est victime de leurs manigances et de leurs mensonges. En refusant de mentir, Alceste représente l'impossible pureté de celui qui veut que les relations humaines ne soient fondées que sur une vérité entière et intacte. Avec lui c'est toute la question de la vie en communauté qui est posée : sommes-nous sincères dans les relations que nous entretenons avec autrui, ou ne cherchons-nous pas toujours à ménager notre intérêt en évitant de déplaire ? N'est-ce pas une certaine forme de lâcheté que de renoncer à vouloir être ami avec ceux qui nous entourent, ou est-ce la sagesse qui le recommande ? Derrière cette pièce, Molière dresse la solitude implacable qui attend celui qui ne recherche que le vrai et qui ne met dans son échelle de valeur aucune demi-mesure, puisque pour Alceste, c'est en permanence « tout ou rien ».

Le tartuffe

C'est la pièce qui valut à Molière le plus d'ennuis de la part de l'Eglise : elle fut considérée comme scandaleuse sitôt sa première représentation, et le roi interdit qu'une autre puisse avoir lieu. Ce n'est qu'après de multiples épreuves qu'elle fut rejouée, avant de disparaître de la scène. Le sujet était en effet extrêmement audacieux pour une époque où le roi, très chrétien, recevait directement des instructions de son confesseur sur la façon de sauver son âme. Un riche bourgeois est victime des conseils d'un conseiller spirituel chargé de veiller sur son salut, et qui profite de sa crédulité. Le bourgeois vénère celui qu'il considère comme un saint, alors que celui-ci le trompe pour s'emparer de ses biens et de sa fille. La femme d'Orgon finit par lui montrer le peu de foi de cet homme, mais entre temps ce dernier a reçu une procuration lui permettant de gérer tous les biens de la maison. Néanmoins, les officiers du roi mettent à jour les manœuvres du tartuffe et redonnent aux véritables propriétaires leurs biens tandis que l'imposteur part en prison.

Le scandale du *Tartuffe* fut causé par la description de certaines personnes proches de l'Eglise, et pour lesquelles la dévotion n'était qu'un moyen de contrôler les autres au lieu de les guider dans la foi. Molière met en cause la véritable raison qui pousse certaines personnes à s'intéresser aux autres : est-ce vraiment par générosité spirituelle, ou bien par convoitise ? Le tartuffe désigne donc tout menteur ou hypocrite qui prétend agir pour des motifs nobles, alors que les raisons les plus terre-à-terre motivent ses actes.

Bibliographie

AUROUX Sylvain et WEIL Yvonne, *Dictionnaire des auteurs et des thèmes de la philosophie,* Hachette, Paris, 1991.

BARAQUIN Noëlla et LAFFITE Jacqueline, *Dictionnaire des philosophes,* Armand Colin, Paris, 2000.

BENAC Henri, *Guide des idées littéraires,* Hachette éducation, Paris, 1988.

BERTHOU Benoît et GUISLAIN Gilbert, *100 auteurs et concepts contemporains,* Studyrama, Levallois-Perret, 2001.

BESNIER Jean-Michel, *Histoire des idées,* Ellipses, Paris, 1997.

BESNIER Jean-Michel, *Histoire de la philosophie moderne et contemporaine,* Livre de poche, Paris, 1998.

BONNIOT Jacques, *Culture générale,* Ellipses, Paris, 2001.

BONNIOT Jacques, DUMONT Pascal, GUISLAIN Gilbert, *Eléments de culture générale,* Ellipses, Paris, 1999.

BORMANS Christophe, *Dictionnaire de la pensée économique,* Studyrama, Levallois-Perret, 2001.

BORMANS Christophe et TAFANELLI Charles, *Dictionnaire des grands auteurs de la littérature et des sciences humaines,* Studyrama, Levallois-Perret, 2001.

BOURDIN Dominique, GUISLAIN Gilbert, JACOPIN Paul, NICOLLE Jean-Marie, WINTER Geneviève, *100 fiches de culture générale*, Bréal, Paris, 1999.

CORBIN Daniel et DORTIER Jean-François, *Philosophie de notre temps*, Editions Sciences humaines, Paris, 2000.

LANNOT Franck, PIMBE Daniel, ROPERT André, ROUX-LANIER Catherine, *La culture générale de A à Z*, Hatier, Paris, 1998.

LAUPIES Frédéric, *Dictionnaire de culture générale*, PUF, Paris, 2000.

MORFAUX Louis-Marie, *Vocabulaire de la philosophie et des sciences humaines*, Armand Colin, Paris, 1980.

ROMAN Joël, *Chronique des idées contemporaines*, Bréal, Paris, 1999.

RUSS Jacqueline, *La marche des idées contemporaines*, Armand Colin, Paris, 1998.

WINOCK Michel et JULLIARD Jacques, *Dictionnaire des intellectuels français au XXe siècle*, Seuil, Paris, 1996.

Index des noms propres

Collection Principes
Studyrama

Références

Principes

34/38, rue Camille-Pelletan
92309 Levallois-Perret cedex
Imprimerie Darantiere - 21801 Quetigny cedex
Imprimé en France - 1er trimestre 2005
N° d'impression : 25-0057

Directrice de la collection : Annie Reithmann
Responsable d'édition : Elsa Goisnard
Conception graphique : Studyrama

Dépôt légal à parution
ISBN 2-84472-223-7